Hinter Gittern

Marlise Pfander

HINTER GITTERN

Mein Leben im Männerknast

Geschrieben von Franziska K. Müller

Alle Rechte vorbehalten, einschließlich derjenigen des auszugsweisen Abdrucks und der elektronischen Wiedergabe.

© 2014 Wörterseh Verlag, Gockhausen

Lektorat: Claudia Bislin, Zürich
Korrektorat: Andrea Leuthold, Zürich
Umschlaggestaltung: Thomas Jarzina, Holzkirchen
Foto Umschlag vorn: © Urs Baumann / »Berner Zeitung«
Foto Umschlag hinten: © Manu Friederich, Bern
Layout und Satz: Lucius Keller, Zürich
Herstellerische Betreuung: Andrea Leuthold, Zürich
Druck und Bindung: CPI – Ebner & Spiegel, Ulm

Print ISBN 978-3-03763-053-2
E-Book ISBN 978-3-03763-566-7

www.woerterseh.ch

Für meine ehemaligen Mitarbeiter

Inhaltsverzeichnis

Vorwort   9

Ein Mörder   13
Recht und Unrecht   17
Familienglück   24
Quereinsteigerin   37
Joel G.   *45*
Im Männerknast   52
Michèle Beyeler   *58*
Geben und nehmen   65
Eric V.   *78*
Hundert verschlossene Türen   84
Beatrice Willen   *96*
Hilfiger und Nike   103
Hedy Brenner   *113*
Kisten-Mami   119
Silvan Y.   *127*
Schokolade und Milchkaffee   133
Hilal O.   *144*
Sternenhimmel   150
Michel Sunier   *159*
Schuld und Sühne   164

Philippe Pahud 173
Freiheit 179

Interview mit Thomas Freytag 187
»*Schlimmer als zehn Peitschenhiebe*«

Quellennachweise 208

Vorwort

Ist die Untersuchungshaft zu hart? Veraltet in den Strukturen? Unter dem Strich sogar eine Gefahr für die Gefangenen? Anlass zu diesen Fragen gibt der Tod eines hohen Rega-Mitarbeiters, der sich im Sommer 2014 im Zürcher Polizeigefängnis erhängt hat. Um solche Dramen künftig zu verhindern, wurde die Ausrüstung der Zellen mit Videokameras angeregt sowie an die Bereitschaft der Mitarbeitenden appelliert, sich verstärkt mit jenen Inhaftierten auseinanderzusetzen, die in der Gefangenschaft in eine psychische Krise geraten könnten. Ersteres wurde als Eingriff in die Privatsphäre der Häftlinge kritisiert. Der zweite Vorschlag scheiterte von Anfang an am Umstand, dass viele Untersuchungsgefängnisse heute aus allen Nähten platzen und das Personal kaum mehr die wichtigsten organisatorischen Alltagsaufgaben erfüllen kann. Die drohende Unterversorgung belastet Insassen und Angestellte, ist aber auch aus Sicht der Sicherheit prekär: Im Genfer Untersuchungsgefängnis Champ-Dollon, das für dreihundertfünfzig Insassen konzipiert worden ist, warten 2014 achthundertfünfzig Leute auf ein Urteil oder die Verlegung in den Vollzug. Experten befürchten Clan-Bildungen und eine Verschiebung der Machtverhältnisse. Im Klartext: Irgendwann könnten die Häftlinge die Herren im Haus sein. Nicht ganz so prekär ist die Lage im Regionalgefängnis Bern (RGB), dennoch betreut dort ein einziger Mitarbeiter rund dreißig Insassen, und die Haftbedingungen in diesem Männerknast samt Ausschaffungsgefängnis gehören zu den schwierigsten im ganzen Land.

Nachdem die heute pensionierte Marlise Pfander vor rund zehn Jahren das Ruder in Bern übernommen hatte, veränderte sich in diesem Gefängnis ohne Videokameras und zusätzliche Finanzen einiges zum Guten. In den Genuss von neu geschaffenen Privilegien – einer offenen Zellentür, der Verrichtung kleiner Arbeiten – kamen jene Insassen, die ein Minimum an Eigenverantwortung an den Tag legten und die Forderungen der Direktorin an das Sozialverhalten umsetzten. Diese Chefin suchte erfolgreich einen anderen Weg: indem sie sich täglich an der Front aufhielt, Hunderte von Gesprächen mit den Gefangenen führte, sich einmischte, Stellung bezog, drohenden Konflikten auf die Spur ging. Das persönliche Engagement machte sich bezahlt. Die Übergriffe auf die Mitarbeitenden reduzierten sich ebenso wie die hohen Fluktuationsraten beim Personal und die Selbstverletzungen und Suizide bei den Insassen.

Bei den Recherchen für das Buch verbrachte ich nicht nur Stunden mit Marlise Pfander, die mich mit ihrer Art immer wieder beeindruckte, sondern besuchte im RGB auch Männer, die seit Monaten und manchmal seit Jahren eingesperrt waren, darunter ein Sexualverbrecher, ein Mörder, ein Drogendealer und ein abgewiesener Asylsuchender, der seit über zwanzig Jahren in sämtlichen Schweizer Gefängnissen ein und aus geht. Diese Untersuchungsgefangenen, die kein Anrecht auf Arbeit, soziale Kontakte und fachliche Hilfe haben und in anderen Untersuchungsgefängnissen rund dreiundzwanzig

Stunden pro Tag in den Zellen eingeschlossen sind, empfingen mich müde und ruhig, aufgekratzt und streitlustig. Einer zeigte die Zigaretten, die er rollte, und Bilder, die er malte. Ein anderer sagte, es gehe ihm in der Gefangenschaft besser als in der Freiheit. Der dritte Mann sah im Küchendienst die Chance auf eine bessere Zukunft, der vierte wollte von einer solchen partout nichts wissen. Die Treffen fanden in den einzelnen Zellen statt, zu meiner Sicherheit trug ich einen »Notfallknopf« auf mir, den ich allerdings nie benutzen musste.

Trotz allen Bemühungen von Marlise Pfander bleibt ein Umstand im RGB ebenso wie in vielen anderen Untersuchungsgefängnissen problematisch: Während die Gefangenen nach der Verurteilung und der Verlegung in den Vollzug von vielen Maßnahmen und Möglichkeiten profitieren, darunter kostenintensive deliktorientierte Therapien, ist die immer länger dauernde Untersuchungshaft und die nach dem Urteil andauernde Sicherheitshaft ein Ausnahmezustand, in dem Kaltblütigkeit und Uneinsicht, Lethargie und Defätismus einen eigentlichen Nährboden finden und den Bemühungen einer späteren Resozialisierung im Weg stehen können, wie man heute weiß. Bei der Frage, ob die Untersuchungshaft zu hart sei, vielleicht sogar eine Gefahr für die Gefangenen darstelle, und den angeregten Maßnahmen – mehr Personal, weniger Isolation – geht es nicht in erster Linie um zusätzliche Annehmlichkeiten, auch nicht um die totale Kontrolle der Insassen, sondern um die Vermeidung jener Haftschäden, die den Schutz der Gesellschaft gefährden.

Franziska K. Müller, August 2014

Ein Mörder

Uniformiertes Personal überreicht mir die Insignien meiner neuen Tätigkeit: eine tragbare Alarmanlage, Handschellen, eine Taschenlampe. Wenig später will ich den Betrieb allein erkunden. Obwohl das Regionalgefängnis Bern (RGB) an meinem ersten Arbeitstag über hundert Insassen zählt, sind die Etagen menschenleer und still. Türen, Pforten, Sicherheitsschranken müssen passiert werden. Nun hören die Eingesperrten meine Schritte und schlagen an die Metalltüren. Sie rufen, sie schreien, vielsprachig, und wenn ich an eine der schmalen Luken trete, den Schieber auf Augenhöhe zur Seite bewege, blicken mich die Gefangenen an: erstaunt und erschöpft, wütend und verzweifelt. Hinter Gittern sehnen sie ein Urteil herbei, das lange auf sich warten lassen kann. Und wenn es gefällt worden ist, gibt es in den komfortableren Anstalten des Strafvollzugs vielleicht keinen Platz. Dann bleiben die Insassen weiterhin im Untersuchungsgefängnis, von nun an in Sicherheitshaft, manchmal monatelang, manchmal jahrelang. Sie sind dreiundzwanzig Stunden pro Tag eingesperrt. Ein Recht auf Arbeit, soziale Kontakte und Hilfe gibt es hier nicht, und jene, die in eine Krise geraten, werden in den »Bunker« verlegt, der sich im Untergeschoss des sechsstöckigen Gebäudes befindet: Der Koran und die Bibel liegen in der Isolationshaft bereit sowie Helm und Handschellen für jene, die eine Gefahr für sich selbst oder die Angestellten sind.

Auf meinem ersten Rundgang durch die Korridore schließe ich eine Zelle auf. Die Behausung liegt im Dunkeln. Neun Quadratmeter, links steht die Pritsche, rechts ein Gestell, daneben die Toilette. Der Insasse redet und redet. Er trägt Trainerhosen und Pantoffeln. Er will Aufmerksamkeit und seine Identität zurück: die Nike-Turnschuhe, die Baseball-Mütze, das Eau de Toilette von Armani. Er fragt, ob ich wisse, wer er sei. Müsste ich? Der Mann lässt nicht locker, redet weiter, stellt sich in die offene Zellentür, umkreist mich spielerisch oder vielleicht bedrohlich, mit kleinen Schritten. Der Jüngling will loswerden, was ihn in seinen Augen außergewöhnlich macht: dass er ein Mörder ist. Auf seiner Nase tanzen Sommersprossen. Ein Schneidezahn ist abgebrochen. Sein Lächeln ist überheblich. Den Weg zur Besserung müssen die Gefangenen in der Untersuchungshaft nicht beschreiten. Beschäftigen sie sich mit ihren Taten, tun sie es freiwillig. Die einen wollen sich umbringen. Andere werden stolz. Ich zerknülle den gelben Zettel mit seiner handschriftlichen Forderung – »Ich will ein Gespräch mit der Gefängnisleitung« – in der Hosentasche und lasse die Zellentür wortlos ins Schloss krachen.

Verärgert betrete ich Minuten später mein Büro, das wohnlich eingerichtet ist mit einem alten Teppich und einer Sofagruppe. Auf dem Tisch steht ein Strauß frischer Blumen, daneben liegen hellgraue Visitenkarten; hundertfach sollen sie in den kommenden Jahren in der Außenwelt verteilt werden. Ich zerreiße das lilafarbene Papierband, das den druckfrischen Stapel zusammenhält, und lese »Leiterin/Regionalgefängnis Bern«. Das bin ich. Die Vorsteherin eines Männerknasts samt Ausschaffungsgefängnis. »Die ist bald wieder weg«, hieß es nach meiner Wahl, die für Erstaunen und Ablehnung sorgte. Auf dem Weg zur ersten Versammlung der Arbeitsgruppe Untersuchungsgefängnisse (AGUG) brach mir ein Schuhabsatz ab, ich kam zu spät und musste mich der Herrenrunde erklären. Ich murmelte etwas von »blöde Gehsteige« und »Schuhmacher«. Die Männer musterten die Sandaletten mit den farbigen Riemchen ohne Sympathie. Dann wechselten sie das Thema: Die Taten hätten andere zu beurteilen, die Richter, die Psychiater. In der Untersuchungshaft seien die Delikte unwichtig, und alle Angeschuldigten, egal, ob Schläger oder Dieb, Einbrecher oder Vergewaltiger, müssten gleich behandelt werden.

Mit der Tat des jugendlichen Mörders hatte ich mich bewusst nicht auseinandergesetzt, wollte nichts wissen von einer tragischen Kindheit oder von den Details eines Verbrechens, für die ich ihn hätte hassen können. Doch nun greife ich zu seiner Akte. Wegen einer Kränkung und für ein paar Franken hat er getötet. Die Verachtung der Täter gegenüber ihren Opfern und die Rohheit machen manche Verbrechen unerträglich. Winzige Details lassen den Puls hochschnellen, Unaussprechliches bereitet Herzschmerz und Ekel. Was ich zu diesem Zeitpunkt noch nicht weiß: Hundertmal wird man mich in den folgenden neun Jahren fragen, ob ich es auch mit Mördern zu tun habe. Auch die zweite Frage, die mir dann todsicher gestellt wurde – »Redest du mit denen?« –, konnte ich jeweils bejahen, und auf die dritte – »Hast du als Frau keine Angst?« – reagierte ich mit einem Kopfschütteln. Die vierte Frage – wie die Furchtlosigkeit zustande gekommen sei und was sie bewirke – wurde nie gestellt. Ich hätte geantwortet: Die meisten Insassen verlieren ihre Bedrohlichkeit, weil ich mich mit ihnen befasse. Fortan zu wissen, welche Vergehen dem Einzelnen angelastet werden, war der einfachere

Teil dieser Auseinandersetzung. Was in den Zeitungen nicht steht und im Fernsehen kein Thema ist, sind die Details des banalen Alltags, die das sogenannte Monster und die Bestie zu einem Menschen machen: dass der Mörder ein Morgenmuffel ist. Seine Joghurtpackung mit dem Zellengenossen teilt. Briefe an seine Eltern schreibt. Den Hund vermisst. Gestrickte Socken trägt. Bücher von Hermann Hesse liest. Aus Kaffeerahmdeckeln filigrane Blüten formt. Bereut oder nicht bereut. Die Freiheit vermisst oder froh ist, die Freiheit nicht länger ertragen zu müssen.

Jene, die mich kritisierten, weil ich mich bald täglich an der Front aufhielt, Hunderte von Gesprächen mit Insassen führte, mich einmischte, Stellung bezog, auf Forderungen und Wünsche einging und pragmatische Lösungen durchsetzte, reduzieren die Gefangenen stets auf ihre Gefährlichkeit und den Betrieb auf seine organisatorischen Aufgaben. In meinen Anfängen wurde das RGB »Bienenhaus« genannt, später, als es mit dreizehntausend Ein- und Austritten pro Jahr aus allen Nähten zu platzen drohte, erhielt es den Übernamen »Pulverfass«. Wie man das Vertrauen von Dieben und Betrügern, Gewaltverbrechern, Wirtschaftskriminellen, Menschen- und Drogenhändlern erlangt und daraus eine wirksame Strategie ableitet, damit der Sprengkörper nicht in die Luft fliegt, wussten meine Gegner nicht. Ein solches Gefängnis ist nicht allein mit Reglementen, Paragrafen, Weisungen und Sanktionen zu führen, und jene Verantwortlichen, die die Gefangenen ignorieren, dies lehrte mich der Jüngling mit den leeren grauen Augen früh, ordnen sich ihnen unter und leugnen ihren Einfluss, kurz, sie verhalten sich so, wie ich niemals sein wollte: schwach und ängstlich.

Recht und Unrecht

Du sollst nicht stehlen, nicht töten, nicht rauben. Ich bin sechsjährig und höre dem Großvater zu. Er arbeitet als Sigrist in einer reformierten Kirche und lebt mit unserer Familie unter einem Dach. Ich stamme aus dem Arbeitermilieu. Der Vater war Maler, die Mutter blieb nach der Heirat ebenfalls voll berufstätig. In den 1950er- und frühen Sechzigerjahren galt dieses Familienmodell weder als fortschrittlich noch als emanzipiert, sondern deutete eher darauf hin, dass ein einziger Verdienst nicht ausreiche, um eine fünfköpfige Familie über die Runden zu bringen. Mutter war bei der Geburt meiner Zwillingsschwestern erst zwanzig Jahre alt, und nur achtzehn Monate später kam ich zur Welt. Die jungen Eltern, fleißig und sparsam, schafften es, dass die Mahlzeiten regelmäßig auf den Tisch gelangten, für mehr reichten die beiden Verdienste nicht aus. Um eine häusliche Gemütlichkeit zu kreieren, fehlte es Mutter an Zeit und Muße. In den wenigen Stunden, die sie zu Hause verbrachte, verarbeitete sie Kartoffeln und Gemüse zu Mahlzeiten, die am Abend und in der kurzen Mittagspause des folgenden Tages verzehrt wurden.

Die Zeitschriften hingegen proklamierten ein bürgerliches Ideal, das ich nicht kannte und somit auch nicht verstand, jedoch bewunderte: Frauen in gebügelten Rüschenschürzen standen vor modernen Haushaltsgeräten. Ein knuspriger Truthahn brutzelte im Ofen. Ein elektrisches Handrührgerät schlug luftige Sahne, die eine kunstvoll geschichtete Torte bedeckte. Pastellfarbene Einbauküchen waren der Traum jeder Hausfrau. Das Kochen, Saubermachen, Waschen, Bügeln und Nähen wurde niemals in Eile oder missmutig erledigt. Die vielfältige Perfektion zielte auf die Zufriedenheit eines Ehemannes, der in Anzug und Schlips nach Hause kam und seine strahlende Gattin für das gelungene Tageswerk lobte. Die Zeitschriften-Mütter schoben fröhliche Babys durch den Park, sie besuchten den Spielplatz oder den Zoo. Sie saßen mit den älteren Söhnen und Töchtern am Küchentisch. Sie brachten ihnen die Rechtschreibung bei, halfen geduldig bei kniffligen Rechenaufgaben, und um Punkt vier Uhr bekamen diese Kinder ein Glas Milch und einen blank polierten Apfel serviert.

Solche Fürsorglichkeit war meinen Schwestern und mir fremd. Mehrheitlich auf uns allein gestellt, verbrachten wir die Tage so ähnlich wie viele andere Kinder aus der Siedlung: ohne elterliche Anleitung zum Glücklichsein. Was uns Vater und Mutter an Umsicht und familiärem Zusammenhalt nicht geben konnten, fanden Regina, Therese und ich beieinander, und diese Verbundenheit dauert an. Bis zum heutigen Tag sind wir beste Freundinnen geblieben. Als Kinder retteten wir uns selbst, und im Nachhinein betrachtet, ist es diesem schwesterlichen Verbund aus nie enttäuschtem Wohlwollen und inniger Zuneigung zu verdanken, dass sich unser Seelenleben gut entwickeln konnte. Zusammen streiften wir durch Wälder und über Felder. Mit selbst gebasteltem Pfeil und Bogen eroberten wir in unserer kindlichen Fantasie ganze Ländereien und sprangen im Sommer kreischend in die smaragdgrüne Aare. Wir kamen ohne viel Spielzeug aus, und dass Geburtstage, Weihnachten und Ostern nicht oder nur reduziert gefeiert wurden, lag wohl auch daran, dass Mutter und Vater vom Wirtschaftsaufschwung jener Jahre nicht profitieren konnten. Während meine Schwestern bald für den organisatorischen Ablauf des Haushalts zuständig waren, kümmerte ich mich um die Gerechtigkeit und anstehende Entscheidungen, die es zu fällen gab. Egal, ob sich Kameraden, Lehrer oder entfernte Familienangehörige gegen Regina und Therese richteten: Geschah den Schwestern Unrecht, mischte ich mich ein, verlangte Gespräche, ging den Gründen der Missachtung auf die Spur, ließ mich weder einschüchtern noch abwimmeln.

Was Recht und Unrecht ist, lernte ich von meinem Großvater, den ich liebte und der zu meinem Vorbild wurde. Er war ein stoischer Mann, der sich in die innerfamiliären Verhältnisse nicht einmischte, ebenso schweigsam bei Tisch saß wie sein Sohn, die Schwiegertochter und die Enkelinnen. Dennoch erlebte ich ihn als eine Bereicherung und war froh, dass er bei uns lebte. Sein kirchlicher Aufgabenbereich war geheimnisvoll und umfassend. Wann immer ich ihn zur Arbeit begleiten durfte, erschien mir dies als Privileg. Großvater Gottfried schmückte die Kirche für Gottesdienste, Taufen, Trauungen, Abdankungen und Konzerte mit Blumen und Dekorationen, die den Anlässen und heiligen Feierlichkeiten entsprachen. Zum Erntedankfest brachten wir Kürbisse mit und stellten goldgelbe Garben auf. An Ostern entstand ein Nest aus Weidenzweigen und bemalten Eiern. Im Winter positionierten wir die große Krippe vor dem Altar, befreiten behutsam die Figuren aus dem Seidenpapier, und ich durfte zum Schluss das Christkind in die geschnitzte Krippe legen.

Ich mochte den Klang meiner Schritte, die ein hallendes Echo im Kirchenschiff hervorriefen, wenn ich an normalen Sonntagen beim Austeilen der schwarz eingebundenen Gesangsbücher half. Voller Ehrfurcht beobachtete ich Großvater, wenn er wichtigere Arbeiten nicht in Kinderhände legen mochte, sondern selbst verrichtete: Den Kollektenbehälter brachte er mit nach Bienenwachs duftender Möbelpolitur zum Glänzen. Die Silberschale mit dem erwärmten Taufwasser stellte er sorgfältig auf den Altar. Mit Bordüren verzierte Ringkissen unterzog er vor der Trauung einer genauen Inspektion. Zuvor rückte er Stühle zurecht, legte die Hand auf jeden einzelnen Heizkörper, um die Temperatur zu kontrollieren, pustete in die Mikrofone, um die Tonqualität zu prüfen. Er montierte die frisch gebügelten Kirchenfahnen, und zusammen stiegen wir die steilen Treppen zum Glockenturm hoch. Ich durfte an den dicken Seilen ziehen, bis dröhnendes Geläut der ganzen Gegend den Beginn des Gottesdienstes verkündete. Bald saßen die Kirchgänger festlich gekleidet in den Bänken, und ich setzte mich zu ihnen. In meinen Augen bildeten wir eine glückliche und intakte Gemeinschaft, deren Mitglieder durch ähnliche Wertvorstellungen und eine Vorliebe für Rituale verbunden waren. Zufrieden, seinen Teil geleistet zu haben, und im Wissen, dass dies nicht wenig war, überließ Großvater nun das Feld dem Pfarrer.

Großvater brachte mir bei, was Recht und Unrecht ist, und er verwies immer wieder darauf, dass alle Lebewesen denselben Respekt verdienen und jene, die vom rechten Weg abkommen, auf eine zweite Chance hoffen dürfen. Wenn ich mit den moralischen Fragen eines Kindes an ihn gelangte, experimentierte er nicht mit Weisheiten, die er nicht kannte, und gab nicht vor, mehr zu wissen, als es den Tatsachen entsprach, sondern er verwies mit tiefer Stimme und in einfachen Worten auf ein Gebot, das ihm in diesem Zusammenhang richtig erschien. Großvater war bescheiden, aber auch selbstbewusst. Für beides bewunderte ich ihn. Er besaß die Stärke, authentisch zu sein. Er war ehrlich. Sich selbst und anderen gegenüber. Wie er lebte und was er dachte, was er nicht war und nicht wusste, daraus machte er keinen Hehl, und dieses Credo versuchte ich später bewusst zu verinnerlichen.

Es ist nicht schwierig, sich glanzvoller darzustellen, als man ist. Im einfachen Fall entstehen Lebenslügen, die nur den Betreffenden selbst etwas angehen. In meiner Funktion als Gefängnisleiterin kam ich aber auch mit unzähligen Menschen in Kontakt, die in ihrem unstillbaren Bedürfnis nach Großartigkeit moralische Grenzen überschritten, was oft furchtbare Konsequenzen nach sich zog. Ich dachte auch im Erwachsenenleben oft an Großvaters Worte, die mir als Kind rätselhaft erschienen waren: »Ausschlaggebend ist, ob der Mensch mit seinen Unzulänglichkeiten umzugehen weiß.«

Manche meiner Bildungslücken versuchte ich später mit einer Kaderausbildung und diversen Kursen auszubügeln. Heute weiß ich, dass mir diese oberflächlichen Korrekturen im Berufsleben unter dem Strich weniger brachten als Großvater Gottfrieds Maxime, nicht besser erscheinen zu wollen, als man tatsächlich ist, und dazu gehörte in meinem Fall auch, dass ich meine einfache Herkunft nie verleugnete.

Meine Jugend bleibt mir als schwierige Zeit in Erinnerung. Äußerlich entwickelte ich mich – groß gewachsen, sehr schlank und mit langen dunklen Haaren – zum Ebenbild meiner Mutter. Obwohl ich als gute Schülerin galt, war es unmöglich, eine höhere Schule zu besuchen, und auch eine Berufslehre befanden die Eltern als unnötig. Doch zu diesem

Zeitpunkt stellte ich die Weichen zum ersten Mal selbst, und fest entschlossen, nicht in der Gosse zu landen, erinnerte ich mich abermals an Großvaters Worte: »Wohin die Reise geht, bestimmt der Mensch am Ende allein.«
Jahrzehnte später, wenn mir Menschen gegenübersaßen, deren Kindheit so viel problematischer gewesen war als meine eigene, konnte ich nachvollziehen, dass die Vergangenheit Spuren hinterlässt, die Hoffnungslosigkeit eine Kerbe in die Seele schlägt und den Weg in eine falsche Richtung weist, dass man heimzahlen will, was man selbst erdulden musste. Aber so einfach ist es nicht immer. Das zeigte mein intensiver Umgang mit jenen, die raubten und töteten, auf die schiefe Bahn gerieten, sich gegen negative Einflüsse nicht zur Wehr setzten, schwach und ziellos waren, die Verantwortung für falsche Entscheidungen von sich wiesen, Erklärungen und Rechtfertigungen fanden, um das Schreckliche, das Grausame, das Unrecht zu entschuldigen. Und wenn sie vor mir saßen, die Zukunft verbaut, Schuld auf sich geladen, am Boden zerstört, arrogant und frech, ängstlich und mutlos, hörte ich mich mehr als einmal sagen: »Eine schlimme Kindheit ist keine Erklärung für alles, was im Leben misslingt.«

Mit sechzehn organisierte ich mir eine kaufmännische Lehrstelle, während viele der gleichaltrigen Schulkollegen im Unterstand für die Fahrräder selbst gedrehte Zigaretten rauchten und von Abenteuern sprachen, die sich in fernen Großstädten abspielten: von freier Liebe, experimentellem Drogenkonsum, ambitionierten Frauen, die Karriere machen, und Männern, die ihre Wäsche selbst waschen wollten. Die 68er-Jahre kündigten sich an. Die Emanzipation der Frauen und die sexuelle Revolution schritten voran, doch die ländlichen Regionen der Schweiz hielten sich solche Ideen mehrheitlich erfolgreich vom Leib. Das klassische Arbeitermilieu, weiterhin damit beschäftigt, den unsicheren Sprung in die Mittelschicht zu vollziehen, zeigte an diesen gesellschaftlichen Veränderungen ebenso wenig Interesse wie an der großen proletarischen Revolution. Flower-Power, Janis Joplin, LSD, das Kommunenleben der Hippies, die Forderungen von Alice Schwarzer und der Tod von Che Guevara zogen auch unbemerkt an mir und den meisten meiner gleichaltrigen Geschlechtsgenossinnen vorbei. Ich hegte andere, für mich aber ebenso exotische Vorstellungen von einer gelungenen Zukunft. Ich wollte ein geregeltes, ein finanziell sicheres Leben führen. Ich wollte Hausfrau und Mutter werden und die Geburtstage meiner Kinder mit einer Party und einer selbst gebackenen Torte feiern. Ich wollte unbedingt und um jeden Preis jenes Ideal erreichen, das ich bisher nur aus Werbestrecken für Waschpulver, Reinigungsmittel und Bügelstärke kannte. Der passende Mann zu diesem Lebensentwurf, so stellte ich mir vor, würde ähnliche Ziele verfolgen wie ich. Er sollte klug, fleißig und freundlich sein, und er sollte mehr reden wollen als mein Vater. War das unbescheiden oder zu bescheiden? Ich weiß es nicht. Ich war zwanzig Jahre alt, flirtete gern, ging mit meinen Schwestern in der örtlichen Beiz tanzen. Im strömenden Regen liefen wir nach Hause, eng umschlungen und in Vorfreude auf eine Zukunft, die uns bald aus der grauen Blocksiedlung wegführen würde.

Familienglück

Peter war das Gegenteil von mir: ernst, zurückhaltend, fromm. Er war ein durch und durch guter Mensch. Was ihm an mir gefiel, teilte er mir bald mit, und sein Urteil deckte sich erstaunlicherweise mit meiner Einschätzung, die ich bisher nicht als derart positiv wahrgenommen hatte. Ungestüm und temperamentvoll äußerte ich meine Zuneigung ebenso wie meine Abneigung direkt und ohne Umschweife, was mir in meinem Umfeld schon damals nicht nur Sympathien einbrachte. Meine Denkweise war bereits in ganz jungen Jahren weder verträumt noch verschnörkelt, sondern pragmatisch und klar. Bereits damals war ich eine Verfechterin von klaren Verhältnissen, die durchaus mittels Auseinandersetzungen erreicht werden durften. Peter und ich verliebten uns stürmisch ineinander, in unsere Gegensätzlichkeit und in unsere gemeinsamen Ziele. Wir heirateten und begannen, die Wohnung sorgfältig und mit viel Liebe zum Detail einzurichten.

Während mein Mann sich zum Elektroingenieur weiterbildete, widmete ich mich dem nächsten Schritt unserer Planung und tapezierte die Wände des größten Zimmers mit Papierbahnen, auf denen sich bunte Bärchen und Hasen hinter Bäumen und Häusern versteckten. Ich schuf eine Wickelkommode an und eine weiß lackierte Wiege. Ich nähte Gardinen und gerüschte Bettwäsche und strickte eine komplizierte Baby-Garderobe. Die Vorstellung, dass unsere Kinder in einem solchen Zuhause aufwachsen würden, machte mich glücklich. Kaum war ich mit den Vorbereitungen fertig, setzten die Wehen ein. Ich gebar unser erstes Kind, und ein Jahr später waren wir bereits zu viert. Alles war genau so, wie ich es mir erträumt hatte. Ich fand meine Erfüllung in diesen geordneten und heiteren Verhältnissen, die dermaßen sorglos waren, dass ich mich auf die mir am wichtigsten erscheinende Aufgabe konzentrieren konnte: Tochter und Sohn.

Sie wurden umhegt und gepflegt, gefördert und beschützt. Ich erinnere mich an Sommernachmittage, die frisch gewaschene Wäsche flatterte im Wind, ich saß strickend im Schatten, während Mathias und Livia friedlich im Sandkasten spielten: Punkt vier Uhr servierte ich ihnen ein Glas Milch und den blank polierten Apfel. Sie erhielten, was ich mir immer gewünscht hatte, die ungeteilte mütterliche Aufmerksamkeit. Meine Liebe äußerte sich auch in geschenkten Rollschuhen, Plüschtieren, Puppen, Blechautos, einem Gummiboot, vor allem aber in einer riesigen Zuneigung, die ich für meine Kinder hegte. Ich umschlang die kleinen Körper tagsüber mit beiden Armen, hob sie in die Luft, und wenn ich die beiden am Abend in gebügelten Pyjamas zu Bett brachte, bedeckte ich ihre lachenden Gesichter mit Küssen. Mein Mann war ein guter Vater, großzügig, engagiert, liebevoll. Wir investierten viel in die Kinder, denen wir eine stabile Basis für einen gelungenen Start ins Leben bieten wollten, aber auch die Voraussetzung, um Probleme anzugehen und zu meistern, die jeder Lebenslauf bereithält.

Die Fürsorglichkeit, die ich ihnen vermittelte, tat auch mir gut. Wenn ich einen Gugelhopf buk, für den Kindergeburtstag die immer gleichen bunten Lampions und Fähnchen im Wohnzimmer befestigte, heimlich Adventskalender-Geschenke in glänzendes Papier verpackte, den Weihnachtsbaum hinter verschlossenen Türen schmückte, die Osternester dekorierte, die jeweiligen Festessen zubereitete und die Tafel schön deckte, geschah dies nach den immer gleichen Ritualen. Sie sind mir bis heute wichtig geblieben. Ich sehe in ihnen eine Wertvermittlung, vor allem aber verbinde ich mit diesen Traditionen den ewigen Zusammenhalt einer Familie, egal, wie turbulent und aufwühlend das Geschehen in der Außenwelt sein mag.

Obwohl die meisten meiner Kolleginnen ähnlich dachten und lebten wie ich, wir uns am Nachmittag zu Kaffee und Kuchen trafen, um die neusten Rezepte auszutauschen, die schulischen Erfolge oder Probleme der Söhne und Töchter zu besprechen, um diese oder jene Haushaltsmaschine als super oder ungenügend zu befinden, entging uns nicht, dass die Emanzipation der Frauen in der übrigen Welt voranschritt. Wir gehörten bereits einer Generation an, die nicht mehr unter der Fuchtel von Ehemännern und Schwiegermüttern stand, die über die Farbe der Sofakissen ebenso entschied wie über die Höhe des Haushaltsgeldes und unser Selbstbewusstsein. Dennoch waren die Rollenverhältnisse in diesem Umfeld traditionell. Unsere Hausarbeit erlebten wir nicht als anspruchslos oder unwichtig, im Gegenteil. Dass eine solche Haltung anderswo als genügsame Verirrung von Frauen galt, die sich freiwillig die Fesseln des Patriarchats anlegten, ahnten wir nicht, und als ich solcherlei zum ersten Mal hörte, musste ich lachen, denn diese Auslegung schien mir ebenso übertrieben wie die Vorstellung von einem Gatten, der die Kinder aus der Krippe abholt, um danach zu Staubsauger und

Rüstmesser zu greifen. Dennoch verstand ich, dass die Frauen ihre Anliegen nach Gleichberechtigung in vielen Belangen nicht leise und diplomatisch an den Mann bringen konnten, sondern gröberes Geschütz auffahren mussten, um jene Veränderungen herbeizuführen, von denen auch die jüngere Generation heute profitiert. Manche Forderungen der Leaderinnen der Frauenbewegung erschienen mir berechtigt, doch mit manchen Feministinnen konnte ich wenig anfangen.

Dass Frauen ebenso begabt, tüchtig und ambitioniert sind wie Männer, war für mich eine Selbstverständlichkeit. Dass Frauen in allen beruflichen und privaten Belangen gleichberechtigt sein müssen, ebenfalls. Angepasst oder ängstlich war ich auch als Ehefrau nicht, Vorschriften ließ ich mir nicht machen und eine untergeordnete Rolle nie auferlegen. Mir ging es gut: Von Benachteiligungen und Ungerechtigkeiten war ich in der hübschen Seifenblase, in der ich lebte, absolut nicht betroffen. Vielleicht hatte ich auch einfach Glück mit einem Mann, der mich als vollwertige Partnerin akzeptierte, und mit meiner Gefühlswelt, die mein Dasein nicht als Einschränkung, sondern als Privileg erlebte, das meiner Mutter und vielen anderen Frauen ihrer Generation nicht vergönnt gewesen war. Dass die Dinge diffiziler und komplexer sind, wurde mir in späteren Jahren mit der Wiederaufnahme meiner Berufstätigkeit bewusst.

Die Kinder wuchsen und gediehen. Manche Kolleginnen ließen sich scheiden, starteten ein neues Leben, das den Forderungen nach mehr Selbstbestimmung besser entsprach. Andere sind bis heute Hausfrauen geblieben, zufrieden in Aufgaben, deren Bedeutung heute erneut diskutiert wird. Obwohl in der Zwischenzeit viel erreicht worden ist, stehen die jungen Mütter abermals im Fokus der Kritik: Sind sie berufstätig, gelten sie als doppelt belastet und tendenziell überfordert. Von den Vätern wird weniger gesprochen, wenn doch, kommen sie nicht unbedingt besser weg. Ihre Teilnahme an der Kindererziehung und am Haushalt blieb, oft anders als bei der Familienplanung angekündigt, meist fakultativer Natur, wie auch aktuelle Statistiken bestätigen: Berufstätige Mütter erledigen weiterhin den Großteil der Hausarbeit und der Kinderbetreuung. Die Konsequenz – immer mehr gut ausgebildete Frauen reduzieren ihr Arbeitspensum und überlassen das Berufsfeld erneut den Männern – finde ich ebenso bedauernswert wie die hohen Trennungsraten bei jenen Paaren, die so vieles anders und besser machen wollten als ihre Eltern. Andere junge Frauen positionieren sich vor diesem Hintergrund als sogenannte neue Hausfrauen, die sich ausschließlich um ihre Familien kümmern. Anders als meine Generation, die einen gut geführten Haushalt oder pünktlich auf dem Tisch stehende Mahlzeiten für unabdingbar hielt, verbinden diese »Familienmanagerinnen« mit ihren Aufgaben allerdings zusätzliche Möglichkeiten: mehr Zeit für die eigenen Interessen, aber auch mehr Muße für die Partnerschaft.

Eine weise Entscheidung, denn Mitte dreißig, Mathias und Livia waren nun im Teenageralter, realisierte ich, wie stark die vergangenen Jahre durch organisatorische Details und die Bemühungen um den reibungslosen Ablauf vieler Routinen geprägt gewesen war. Ich versuchte, mich zu erinnern, wann Peter und ich zum letzten Mal etwas gemeinsam unternommen hatten. Es gelang mir nicht, und schlimmer: Das Bedürfnis nach Zweisamkeit war uns in der Zwischenzeit abhandengekommen.

Bereits seit einiger Zeit nahm ich beim damaligen Bundesamt für Flüchtlinge an sogenannten Anhörungen von Asylsuchenden, die zu ihren Asylgründen befragt wurden, teil. Dieser im Asylprozess wichtige Vorgang, der das Zusammentragen von Informationen über die Gesuchsteller bezweckt, wurde durch verschiedene Hilfswerke begleitet. Deren Aufgabe bestand darin, den Prozess zu beobachten und zu garantieren, dass bei den Befragungen vonseiten der Behörde alles mit rechten Dingen zu- und herging. Meine Schwester Regina, die seit Jahren beim Bundesamt für Migration arbeitete, vermittelte mir den Job als Hilfswerkvertreterin, der sich bestens mit meinem Familienleben verbinden ließ, da ich höchstens einmal pro Woche an einer solchen Anhörung teilnahm.

Während und nach dem Balkankrieg strömten Zehntausende von Menschen in die Schweiz, das Amt ächzte unter einer Flut von Befragungen, die durchgeführt werden mussten, und als der Bürgerkrieg in Sri Lanka zusätzliche Flüchtlingsströme in unser Land führte, gab es plötzlich viel zu wenig Fachpersonal für die Anhörungen, worauf ich die Gunst der Stunde nutzte und mich einige Jahre später Vollzeitbeamtin bei der kantonalen Fremdenpolizei nennen durfte.

Mein neuer Job war ein Abenteuer, denn fortan saß ich auf der anderen Seite des Tisches – um jene, die in der Schweiz Fuß fassen wollten, einer genauen Prüfung zu unterziehen. Diese Anhörungen dauerten bis zu sechs Stunden und forderten allen Beteiligten viel ab. Ich war mir der großen Verantwortung bewusst, die mit meiner Arbeit und dem Verfassen solcher Protokolle einherging, die auch dem heutigen Bundesamt für Migration (BFM) als wichtiges Instrument bei der Entscheidungsfindung für eine Aufnahme oder Wegweisung dienen. Um ein akribisches Vorgehen zu gewährleisten, versuchte ich, alles über die entsprechenden Länder und Kulturen in Erfahrung zu bringen. Ich erweiterte meinen Horizont kontinuierlich, begann, Arabisch zu lernen, und im Lauf der Jahre spezialisierte ich mich auf Nordafrika, den Sudan, Syrien, den Iran und den Irak.

Meine Aufgabe – die Asylgründe gründlich zu erfragen – betrachtete ich als Hilfe für jene Menschen, denen die Schweiz ein Zufluchtsort sein sollte. Um ihnen die Aufnahme zu ermöglichen, mussten allerdings auch jene eruiert werden, die eine Not vortäuschten, die nicht den Tatsachen entsprach. Mit der Zeit entwickelt man ein Gefühl für die Menschen, glaubt ihre soziale Herkunft und ihre kulturellen Vorstellungen zu erkennen, ebenso wie ihre Kapazitäten oder ihr Unvermögen, sich den fremden Verhältnissen anzupassen. Ich lernte viel über die menschliche Psyche, über unterschiedliche Denkweisen und Wertvorstellungen, vor allem aber auch, dass die sogenannte Wahrheit ein fragiles Gebilde bleibt. Die Wahrheit, oder was ihr am nächsten kommen könnte, ist nicht einfach und auch nicht definitiv zu ergründen. Aber wenn man die Fakten und Hintergründe einer Problematik kennt, respektiert man ihre Komplexität und gelangt am ehesten zu einer neutralen Einschätzung, die man vor sich selbst vertreten kann.

Ein wichtiger Teil meiner Arbeit bestand in meiner Fragetechnik, die ein breites Spektrum von relevanten Informationen zutage fördern musste. Den Willen, hinter die Fassaden zu blicken, das scheinbar Gute und das scheinbar Böse zu entlarven, war mir von jeher ein Bedürfnis. Anderes musste ich lernen: spontanen Sympathien und Antipathien keinen Platz einzuräumen, den bereits gemachten Erfahrungen und Rückschlüssen keine allgemeine Gültigkeit zuzuweisen,

Vorurteile zu bekämpfen. Mit jedem Gespräch, das ich führte, musste ich meine Integrität erneut unter Beweis stellen. Ich lernte, unabhängig von meiner Tagesform mit meiner Machtposition umzugehen, und mein Gerechtigkeitsfanatismus, den ich als Kind entwickelt hatte, um meine Schwestern und mich zu verteidigen, wenn wir aufgrund unserer sozialen Voraussetzungen als schwach qualifiziert, angegriffen oder herabgesetzt wurden, kam mir bei dieser Arbeit zugute. Manchmal mussten auch unpopuläre Auffassungen vertreten werden, und noch heute bin ich der Überzeugung, dass jenen Menschen, die den größten Gefahren, darunter Armut, Verfolgung und Folter, ausgesetzt sind, die Flucht über die eigenen Landesgrenzen seltener gelingt als anderen. Und jene, die es geschafft haben, können Opfer, jedoch ebenso gut auch Täter sein.

Unvergessen bleibt ein junger Mann, der uns als Beweis für seine Behauptung, er werde in seinem Land verfolgt, möglicherweise sogar hingerichtet, eine Handy-Aufnahme aushändigte. Das wacklige Filmchen zeigte die Steinigung einer Frau. Jener, der die schrecklichen Ereignisse festgehalten hatte, musste in unmittelbarer Nähe gestanden haben. Zu sehen, wie ein Mensch, dessen Körper von Erdmassen umschlossen ist, mit Wurfgeschossen auf den Kopf getötet wird, versetzte mich in einen Schockzustand. Tränen schossen mir in die Augen, während die Sterbende nicht weinte und nicht schrie, stumm dieses grausame Schicksal erduldete, eine unmenschliche Bestrafung, die ein wütender Mob durchführen durfte und vermutlich viele Schaulustige angelockt hatte, ohne die solche Bestrafungsaktionen nicht funktionieren.

Ich verspürte Hass auf jene, die den Tod dieser Frau verschuldet hatten und ungestraft blieben. Darunter vielleicht auch der vor mir sitzende, selbstbewusst scheinende Mann, der Geld auslegen konnte, um nach Europa zu gelangen, in die Schweiz, ein schönes, sicheres und reiches Land. Ich befragte ihn vier Stunden lang, und es ging doch nur um die eine Frage: »Wie kommt es, dass Sie im Besitz dieser Filmaufnahme sind?« Die Antworten waren unbefriedigend, widersprüchlich, nicht schlüssig, und ich machte ihm klar, dass ich ihn für einen Lügner hielt, dem der Aufenthalt in unserem Land verweigert werden müsse.

Als emotionaler Mensch, der sehr wütend werden kann, führte ich auch mit anderen Flüchtlingen stets engagierte Befragungen durch. Lautstarke Diskussionen und Streitigkeiten waren bei meinen Anhörungen an der Tagesordnung und wurden beinahe zu einer Art Markenzeichen. Ich machte aus meinen Gefühlen, Gedanken und Zweifeln nie einen Hehl, konfrontierte die Menschen mit fragwürdigen Aussagen, gab ihnen jedoch zu verstehen, dass sie sich erklären und verteidigen durften. Sie konnten sich meiner Meinung und meiner Kritik widersetzen, ohne Sanktionen befürchten zu müssen, das war mir ebenso wichtig wie meine Absicht, dass eine Anhörung nur in den seltensten Fällen im Streit enden sollte.

Um die Richtigkeit der geschilderten Gräueltaten einschätzen zu können, besuchte ich in den folgenden Jahren entsprechende Seminare der verschiedenen Hilfswerke. Die Konfrontation mit grausamsten Foltermethoden und ihren Konsequenzen, auch das Wissen, dass bis anhin friedlich miteinander lebende Menschen über Nacht zu Todfeinden mutieren können, prägten mich. Viele Schilderungen stammten aus erster Hand, und manche Menschen mussten Unaussprechliches erleiden, bevor ihnen die Flucht gelang. Misshandlungen und Mord – so wurde mir glaubhaft versichert –

betrafen zudem überdurchschnittlich oft jene, die genauso wie die Ärmsten der Armen den Sprung in die Fremde eher selten schafften und aus diesem Grund nur vereinzelt und allein vor mir saßen: Frauen, die ohne Erlaubnis des Mannes kein Konto eröffnen durften, das Haus nur in seiner Begleitung verlassen konnten, denen es in vielen Lebensbereichen verboten war, eigene Entscheidungen zu fällen. Frauen, die man straflos dominieren und misshandeln durfte. Frauen, die aus Ländern stammten, in denen sie massiven Gefahren ausgesetzt waren, darunter Beschneidung, Lynchjustiz oder Massenvergewaltigung, die als Sanktion für jene gedacht war, die sich in den Augen mancher Männer zu selbstbewusst gaben, einen zu kurzen Rock trugen oder schlicht einer Berufstätigkeit nachgingen. Vor meinen Augen taten sich Abgründe auf, mir saßen Menschen gegenüber, die Unglaubliches gesehen und erlebt hatten.

Die systematischen Übergriffe und Misshandlungen durften nicht unhinterfragt den jeweiligen kulturellen oder religiösen Gepflogenheiten zugeschrieben werden, und eine ständige Herausforderung blieb auch die Aufgabe, Simulanten von tatsächlichen Opfern zu unterscheiden. Manche Flüchtlinge brachten sich selbst Foltermerkmale bei, um die Chancen für eine Aufnahme zu erhöhen, und natürlich muss die Verzweiflung groß sein, wenn dem Wunsch, woanders als im eigenen Land zu leben, mit solch drastischen Mitteln Nachdruck verliehen wird. Einen Grund für eine Aufnahme stellten die Selbstverletzungen allerdings nicht dar. Diese begegneten mir später im Gefängnisalltag hundertfach und bestätigten meine Meinung, dass sie Ausdruck eines verzweifelten Hilferufs sein können, in vielen anderen Fällen jedoch als Möglichkeit genutzt werden, das Gegenüber zu manipulieren. Im Rahmen der Anhörungen hasste ich solche Versuche auch deshalb, weil sie mir als Hohn gegenüber jenen erschienen, die das Schreckliche tatsächlich erleben mussten. Andere, harmlosere Lügen enttarnte ich oft, und manche klangen so fantastisch, dass ich mich manchmal der Frage nicht erwehren konnte, ob auf der Flucht vielleicht noch ein paar fliegende Teppiche im Spiel gewesen waren. Die Fähigkeit der Menschen, bei Bedarf die Wahrheit zurechtzubiegen, wobei manche blitzschnell mit schlauen Erklärungen Zweifel aus dem Weg zu räumen glaubten, empfand ich als beachtliche Leistung, über die ich in manchen Fällen sogar herzlich lachen konnte. Dennoch blieben Unwahrheiten und Ungereimtheiten immer ein Signal, dass andere Gründe als die Bedrohung an Leib und Leben verantwortlich waren, um ein Aufnahmegesuch zu stellen.

Menschen aus Krisen- und Kriegsgebieten erhielten die vorläufige Aufenthaltsbewilligung in den allermeisten Fällen, und dies natürlich zu Recht. Der N-Ausweis definiert seinen Besitzer als anerkannten Flüchtling und bedeutet die vorläufige Aufnahme; diese Menschen dürfen arbeiten und nach fünf Jahren einen C-Ausweis beantragen. Viele schafften, was unsere Bewunderung verdient, denn eine erfolgreiche Integration fordert den Betroffenen viel ab. Andere flüchteten weniger vor einer akuten Bedrohungslage als vor Armut und Chancenlosigkeit im eigenen Land. Das ist schlimm genug, stellt jedoch keinen eigentlichen Grund für die Aufnahme dar. Die weitverbreitete Annahme, dass die Ärmsten der Armen nach Europa drängen, bewahrheitete sich in meinem damaligen Alltag nicht, und die blanke Überlebensnot war in den selteneren Fällen der Grund, die Heimat zu verlassen. Die meisten genossen das Privileg, eine mit Kosten verbundene Reise antreten zu können, von der sie sich fast immer eine schnelle und eklatante wirtschaftliche Verbesserung versprachen: dass man mit offenen Armen empfangen werde, bald ein schönes Auto in der Garage und modernes Mobiliar in der Wohnung stehe und, um all das zu erreichen, nur ein Minimum an Arbeit nötig sei. Mehr als einmal wurde ich gefragt, ob ich eine Bank besitze. Das erste Mal reagierte ich erstaunt und fragte nach, wie das gemeint sei. Tatsächlich kursierte in manchen Ländern der Irrglaube, jeder Schweizer und jede Schweizerin sei auch Besitzer eines Geldinstituts. Das ist, wie wenn man uns glauben machen wollte, in Westafrika gehörten ein paar Kokospalmen zum Grundbesitz jeder Person. Einen Unterschied gibt es aber doch: Jeder europäische Tourist, der drei Wochen Urlaub in einem fremden Land plant, informiert sich besser über die dortigen Gegebenheiten als die meisten Asylsuchenden, bevor sie die folgenschwere Entscheidung treffen, ihr Land für immer zu verlassen. Viele werden zu Hause belogen und von Schlepperbanden schamlos betrogen. Doch die meisten dieser »Informationen« klingen so offensichtlich fantastisch und absurd, dass sie leicht zu durchschauen wären.

In den Anfängen meiner Tätigkeit beim Migrationsdienst fragte ich mich immer wieder, aus welchen Gründen ein senegalesischer Handwerker oder ein sudanesischer Beamter, der lesen und schreiben kann, sich nicht über die tatsächlichen Bedingungen in der Fremde informiert, um eine allfällige Bruchlandung zu vermeiden. Es ist wohl so, dass diese Menschen meist an ihre Illusionen, an ein schnelles und einfach erhältliches Glück glauben wollen. Dafür nehmen sie fast jedes Risiko in Kauf. Die auf der Hand liegenden Probleme sowie Gefahren werden meiner Meinung nach oft ignoriert, und über allfällige Schwierigkeiten einer Integration denkt man nicht nach, weil im Fall eines Misserfolgs auf das Sozialsystem jener reichen Nationen gezählt wird, die sich der Humanität verpflichtet fühlen. Ein solches Verhalten ist verantwortungslos: sich selbst, aber auch jenen gegenüber, von denen man Gastfreundschaft erwartet und diese in vielen Fällen erzwingen will.

Quereinsteigerin

Es heißt, die negativen Erlebnisse und schlechten Erfahrungen bleiben den Menschen eher im Gedächtnis als andere, doch ich versuchte mich stets an die vielen ehrlichen und mutigen Männer und Frauen zu erinnern, die mir im Rahmen meiner langjährigen Tätigkeit – in deren Verlauf ich zur Chefin der Dienststelle Anhörungen beim Migrationsdienst ernannt wurde – gegenübersaßen und denen ich hoffentlich dazu verhelfen konnte, dass sie in der Schweiz bleiben durften. Die andern zu verschweigen oder zu idealisieren, bringt jedoch nichts. Das fällt jenen Organisationen und politischen Parteien schwer, die die humanitäre Tradition der Schweiz über alles stellen und gut gemeinte Forderungen stellen, die sich in der Praxis aber nicht umsetzen lassen. Ihre Vertreter arbeiten selten an der Front, sie sehen das Große und Ganze, aber nicht den Mikrokosmos und somit jene nicht, die bereit sind, sämtliche Limiten auf Kosten anderer auszudehnen, um ihre Ziele zu erreichen. Ich wusste von den Gefahren, die eine tägliche Auseinandersetzung mit der Asylthematik bergen kann: Entweder findet eine Radikalisierung gegenüber fremden Kulturen statt, sodass man, die negativen Beispiele vor Augen, alle Menschen in denselben Topf wirft, oder aber es kommt zu einer kompletten Identifikation mit jenen, für die man Mitleid empfindet und die einem als Folge nun leicht um den Finger wickeln könnten. Ich verbot mir das eine wie das andere. Ich blieb eine realistische Menschenfreundin.

Mit diesem Satz schloss ich eine Bewerbung ab, die ich im Herbst 2004 zur Post brachte. Die Führungsstelle des Regionalgefängnisses Bern (RGB) musste neu besetzt werden, nachdem mein Vorgänger entlassen worden war. Die Stellenbeschreibung enthielt einen ganzen Katalog von Anforderungen, denen ich nicht entsprach, und verlangte viele Kompetenzen, die ich nicht hatte. Unter anderem war ich keine Akademikerin, auch keine Managerin, und meine Erfahrung im Führen von Menschen qualifizierte ich als eingeschränkt. Meine berufliche Tätigkeit konnte zwar als langjährig beschrieben werden, dennoch fehlten fünfzehn Jahre, die ich als Hausfrau und Mutter verbracht hatte. Nach Jahren, in denen ich mit schwierigen Lebenssituationen und sehr unterschiedlichen Menschen konfrontiert worden war, sah ich in der neuen Funktion eine beinahe logische Fortsetzung meiner bisherigen Arbeit. Eine berufliche Herausforderung, der ich mich mit vollem Elan widmen konnte, entsprach auch meiner privaten Situation: Die Kinder waren aus dem Haus, Peter und ich hatten uns in der Zwischenzeit einvernehmlich getrennt, und ich lebte in einer neuen Beziehung.

Wenige Tage nachdem ich meine Bewerbung abgeschickt hatte, wurde ich zum Vorstellungsgespräch eingeladen. Ich versuchte, mich an das Gefängnis zu erinnern, an dem ich einmal an Großvaters Hand vorbeispaziert war. Hatte man mir zu Hause vom »Kerker« erzählt und das mit der Mahnung verbunden, am Kiosk kein Zuckerzeug zu stehlen? Ich konnte mich nicht erinnern. Ohne Affinität auch zu den großen Berner Kriminalfällen der vergangenen Jahrzehnte und ohne spezielles Interesse für die Kriminologie oder die forensische Psychiatrie stellte ich fest, dass ich beinahe nichts über diese Institution wusste, die in den 1970er-Jahren neu gebaut worden war. So beschloss ich, einen Abstecher in die Berner Innenstadt zu machen, der mich an Ladengeschäften und gemütlichen Restaurants vorbei an die Genfergasse führte. Ich blickte an der Fassade des wurstroten Gebäudes hoch, das mich an einen tristen Bürokomplex erinnerte. Besucher, Häftlinge in Handschellen und ein Lieferant standen einträchtig vor dem Eingangsbereich und warteten gemeinsam auf Einlass. Was sich hinter den Mauern genau abspielte, überstieg meine Vorstellungskraft. Ich beschloss, vorerst nicht alles wissen zu müssen, bügelte zu Hause meine schönste Bluse, legte die dunkle Hose bereit und wartete auf den nächsten Tag.

Dann stand ich im Foyer des Personalzimmers. Männer in Anzügen und mit Aktenmappen unter dem Arm verließen den Raum beschwingten Schrittes. Die Bewerber, jung und dynamisch, verfügten vermutlich über Hochschulzeugnisse, Weiterbildungszertifikate sowie einen pfeilgeraden Berufsweg, der auch den vielen Möglichkeiten eines gutbürgerlichen Elternhauses geschuldet war. Sie schienen sich ihrer Sache sicher zu sein, und einer streckte mir Unterlagen entgegen, die kopiert werden müssten, wie er mich wissen ließ. Er hielt mich für eine Bürokraft. Bestimmt wussten sie sich gut zu präsentieren und reagierten auf jede Frage mit einer klugen Antwort, einem passenden Fremdwort oder einem geistreichen Abstecher in Bildungssphären, die mir fremd waren. Vielleicht spielten sie aber auch nonchalant mit dem Kugelschreiber, notierten irgendwelche Statements auf den gezückten Block und zeigten so unfreiwillig ihre Nervosität?

Ich saß ohne jedes Accessoire vor der nackten Tischplatte und fühlte mich mehr als unwohl. Interessiert beobachteten mich die Polizeidirektorin, der Vorsteher des Amtes für Freiheitsentzug und Betreuung sowie der Chef des Personaldienstes. Dutzende von Fragen prasselten auf mich nieder. Ich erinnere mich nur noch an eine einzige: Was ich machen würde, wenn ein Inhaftierter etwas wolle, was eigentlich nicht erlaubt war. Ich antwortete: »Das würde ich spontan und mit dem gesunden Menschenverstand entscheiden.« Als ich den Raum verließ, war meine schönste Bluse durchgeschwitzt und ich der festen Überzeugung, auf der ganzen Linie versagt zu haben. Noch am selben Abend klingelte das Telefon. Der Amtsvorsteher ließ mich wissen, dass ich meine Sache nicht schlecht gemacht hätte, man eine Referenz bei meinem Arbeitgeber einholen wolle und mich so schnell wie möglich wissen lasse, was entschieden worden sei. Er hielt sein Versprechen, denn bereits am nächsten Tag erhielt ich die Zusage für einen Job, der – wie mir erst später bewusst wurde – ein Vordringen in zwei Männerdomänen gleichzeitig bedeutete.

Die Neubesetzung des Postens wurde mit einer internen Mitteilung bekannt gemacht, die im Amt für Migration wie eine Bombe einschlug. Eine Frau! Im Männerknast! Unmöglich! Wenn ich nun zu einer wohlvertrauten Runde stieß, herrschte plötzlich eisiges Schweigen, und manche Kollegen grüßten mich nicht mehr. Ich war enttäuscht, konzentrierte mich aber auf jene Menschen, die mir – dem Arbeiterkind, der Nichtakademikerin, der Quereinsteigerin – den Erfolg gönnten, gerade weil er auf verschlungenen Wegen zustande gekommen war, gerade weil ich als hemdsärmlige Self-made-

Frau galt, die mit vierundfünfzig Jahren geschafft hatte, was manche einen ungewöhnlichen Karrieresprung nannten. Mit dem Amtsvorsteher befand ich mich in den folgenden Jahren öfters auf Kriegsfuß, und natürlich fragte ich mich im Nachhinein, ob er damals geahnt hatte, was er sich mit mir einbrocken würde. Später wurde klar, dass meine Ernennung vor allem der damaligen Polizeidirektorin Dora Andres zu verdanken war, die mich vielleicht als Frau portiert hatte, jedoch auch meine Fähigkeiten im Umgang mit schwierigen Persönlichkeiten kannte und meine Willensstärke richtig einzuschätzen wusste.

Meine Vorfreude auf eine Aufgabe, die mir ebenso interessant wie abenteuerlich erschien, war groß, mein Wissen, wie ein Gefängnisbetrieb im Detail funktioniert, jedoch gering, und dies obwohl ich wusste, wie der allgemeine Auftrag formuliert war, nämlich: »Die Behörden und Institutionen des Justizvollzugs, welche Strafen und Maßnahmen vollziehen, orientieren sich in der Arbeit mit straffällig gewordenen Menschen am gesetzlich vorgegebenen Resozialisierungsauftrag. Wichtigstes Ziel ist es, Rückfälle in die Kriminalität zu verhindern und damit mögliche Opfer zu schützen. Dabei gilt es gleichzeitig, die Sicherheit in den Justizvollzugsanstalten und Gefängnissen zu gewährleisten und für einen ordnungsgemäßen Betrieb der Institutionen zu sorgen.« Damit ich mein angeeignetes theoretisches Wissen mit Erfahrungen aus der Praxis anreichern konnte, schickte mich der Amtsvorsteher vor dem Stellenantritt zu einem Augenschein in ein Gefängnis im Kanton Luzern. Diese Vollzugsanstalt blieb mir als Beispiel dafür in Erinnerung, wie chancenreich unser heutiges Bestrafungssystem – nach der Verurteilung – funktioniert. Ich staunte über die vielfältigen Sport-, Bildungs- und Therapiemöglichkeiten, von denen die Insassen profitieren konnten, das umfassende Freizeitangebot, die komfortable Ausstattung der Zellen, die moderne Infrastruktur der gesamten Anstalt und den zivilisierten Umgang, den das zahlreiche Personal und die Gefangenen miteinander an den Tag legten.

Mein damaliger Partner nahm meine Schilderungen mit einem Lächeln zur Kenntnis. Damit mich die komplett anderen, im Regionalgefängnis Bern anzutreffenden Bedingungen nicht in einen Schockzustand versetzten, wolle er mir ein Geschenk machen. Er legte einen flachen Umschlag auf den Tisch, aus dem ich zwei Flugtickets zog. Die Destination lautete: Kalifornien. Ich fiel ihm um den Hals. Er fragte mit hochgezogenen Augenbrauen: »Weißt du, was sich in der Bucht von San Francisco befindet?« Ich rätselte: »Ein endloser Strand? – Ein tolles Restaurant? – Ein prachtvoller Sonnenuntergang?« – »Alcatraz!«, rief er und legte eine bunte Informationsbroschüre vor mich hin.

Einige Wochen später standen wir auf der felsigen Insel, die einst als Standort für ein befestigtes Fort gedient hatte und ab den 1930er-Jahren als Hochsicherheitsgefängnis genutzt wurde, aus dem die Flucht unmöglich schien. In den folgenden Stunden konnte ich mir zum ersten Mal ein Bild von extremen Haftbedingungen machen, und ich weiß nicht mehr, wie oft ich als Gefängnisleiterin an die Zustände auf Alcatraz zurückdachte, von denen sich die Bedingungen im RG Bern anfänglich nicht wesentlich zu unterscheiden schienen. In den engen und dunklen Zellen, die mit einem Waschbecken und einer Toilette ausgestattet waren, hielten sich die amerikanischen Häftlinge einst zwischen achtzehn und dreiundzwanzig Stunden pro Tag auf. Die Teilnahme an einem Arbeitsprogramm galt als Vergünstigung, die Besuchszeit betrug eine Stunde pro Monat. Als einziges Gefängnis in den USA verfügte Alcatraz über Warmwasserduschen – nur über Warmwasserduschen. Dieser vermeintliche Luxus sollte verhindern, dass die Häftlinge sich körperlich abhärten konnten, um eine allfällige Flucht schwimmend im eiskalten Wasser durchzustehen. Davon ließen sich jene, die als unverbesserlich galten und aus diesem Grund aus anderen Anstalten auf »The Rock« verbannt worden waren, nicht immer abhalten. Zahlreiche Versuche, in die Freiheit zu gelangen, endeten tödlich. Entweder wurden die Häftlinge auf der Flucht erschossen, oder sie ertranken in den Fluten des Meeres.

Die gefürchtete Zuchthausanlage hatte vor allem eine Aufgabe: Die Verlegung von Unruhestiftern aus anderen Gefängnissen in ein spartanisches und sanktionenreiches Umfeld bezweckte die Besserung der Kriminellen, damit sie zu einem späteren Zeitpunkt wieder in ein normales Zuchthaus überführt werden konnten. Resozialisierung – die Wiedereingliederung in die Gesellschaft – war ebenso wie die Verhinderung der Rückfälligkeit von Straftätern auch im sogenannten Normalvollzug kein Thema. In der Zwischenzeit hatte ich mich mit der entsprechenden Lektüre befasst und wusste: Ähnlich wie in der Schweiz unterscheidet man in den USA erst seit rund hundertfünfzig Jahren zwischen einem Untersuchungsgefängnis und den Anstalten des Strafvollzugs. Während der Auftrag des Vollzugs gesetzlich definiert ist, die Tatverarbeitung mithilfe verschiedener Therapieformen die Vorbereitung auf ein Leben in Freiheit bezweckt, gelten die vielen Untersuchungsgefängnisse in der Schweiz – so ähnlich wie einst Alcatraz – bis heute als Institutionen, in denen die Angeschuldigten bis zur Urteilsverkündung in erster Linie sicher weggesperrt werden müssen.

Während ich durch die mit Touristen überfüllte Anlage von Alcatraz spazierte, die Zellen, den Essraum, die kleine Bibliothek besichtigte und am Postkartenständer die berühmtesten Gefangenen von »The Rock« betrachtete – darunter der Mafiaboss Al Capone sowie der deutsche Spion Erich Gimpel –, dachte ich über meine bevorstehende Aufgabe als Vorsteherin eines Gefängnisses nach. Das simpel klingende Fazit beim Urlaubsende lautete: »Ich will den Betrieb nach den allgemeinen Vorgaben und im Sinn der Sicherheit, jedoch ganz anders als meine männlichen Vorgänger führen.«

Joel G.*, 29, Drogendelikt, erwartetes Strafmaß: 7 Jahre

Die Freundin umarmen. Essen, was man will. Mit Kollegen lachen. Zweimal pro Tag unter der Dusche stehen. Solch alltägliche Dinge sind in Freiheit selbstverständlich, und jeden Tag trifft man kleinere und größere Entscheidungen, die eine gute Zukunft betreffen. Im Bruchteil von Minuten war mein altes Leben mit all diesen Möglichkeiten ausgelöscht: Als eine Spezialeinheit meine Wohnung stürmte und mich in Handschellen abführte, begriff ich nicht, was gerade geschah. In der Untersuchungshaft musste ich zuerst einen Drogenentzug machen. Man fragte mich, ob ich Medikamente benötigte, ich verneinte, und als ich nach einem zweiwöchigen Delirium wieder zu mir kam, traf mich der Gefängnisalltag mit voller Wucht. Nach dem morgendlichen Erwachen wähnte ich mich in den ersten Sekunden jeweils in meinem alten Leben, glaubte, nur einen schrecklichen Albtraum gehabt zu haben. Die Erkenntnis, dass die verriegelte Tür und die verbaute Zukunft nun meine Realität bedeuteten, war jeweils mit abgrundtiefer Verzweiflung verbunden. Hier drin sind wir sämtlicher Aufgaben und Herausforderungen enthoben, nur Zeit haben wir in Hülle und Fülle. Leere Monate,

---

* Alle mit einem Stern bezeichneten Namen sind geändert.

Wochen, Tage, Stunden, Minuten, Sekunden, in denen absolut nichts geschieht. Die Aussicht, so Jahre verbringen zu müssen – weil die Dauer der Untersuchungshaft unbestimmt sein kann –, treibt manche Insassen an den Rand des Wahnsinns.

Eingesperrt zu sein, war für mich immer mit einem abstrakten Bild verknüpft, auf dem eine Pritsche und Gitterstäbe vor den Fenstern zu sehen sind. Doch der Verlust der Freiheit ist so viel mehr, und es sind die Kleinigkeiten, die am meisten schmerzen. Manches ersehne ich heute so stark, dass es sich nicht verdrängen lässt, und diese Sehnsucht wird mit der Zeit nicht kleiner, sondern immer größer: barfuß durch einen Fluss waten, im Wald Pilze suchen, die Sonne auf dem Gesicht spüren oder den Regen, von einem Schneefeld geblendet werden, den Mond in einer dunklen Nacht betrachten. Die Natur fehlt mir mehr als alles andere. Eine Frau möchte ich auch in den Armen halten. Irgendetwas kaufen. Leistung erbringen. Pläne schmieden. Meine Arbeit vermisse ich wahnsinnig: die Energie des hektischen Küchenbetriebs, die Hitze, meine molekularen kulinarischen Experimente, die begeisterten Gäste.

Ich arbeitete in einem exklusiven Restaurant. Der Arbeitsalltag war anspruchsvoll, eine Erfüllung. Jedes Gericht, das die Küche verließ, musste einem überragenden Standard genügen: Qualität, Präsentation und Kreativität ergaben ein Ganzes. Dieses Ganze wollte nicht weniger als ein Kunstwerk sein, und es versteht sich von selbst, dass die kleinste Unachtsamkeit das Ergebnis verderben konnte und also höchste Konzentration gefragt war. Disziplin und der Wille zur Perfektion müssen vorhanden sein, wenn man in einem solchen Umfeld seine Karriere plant. Ich war schon immer sehr ehrgeizig, stellte hohe Ansprüche an mich selbst. Im Nachhinein ist es für mich nur noch schwer nachvoll-

ziehbar, weshalb ich in die Drogen geriet. Ich konsumierte Thai-Pillen. Zuerst wenige, dann immer mehr. Ich dachte, ich hätte alles im Griff, und ich verfügte über unbändige Energie, mit der ich meinen Job machte. Auch als ich bereits süchtig war, bewährte ich mich weiterhin bei der Arbeit. Niemand merkte etwas. Als ich in finanzielle Not geriet, kam ich so richtig auf Abwege. Fatalerweise gelang mir auch dort viel. Man überschätzt sich, fühlt sich unantastbar, das gehört dazu, wenn man Drogen konsumiert, und so bemerkte ich nicht, dass mich die Polizei auf dem Radar hatte und mich zehn Monate lang beobachtete.

Ich rechne mit einem Strafmaß von bis zu sieben Jahren. So lange wird in der Schweiz ein Mörder eingesperrt. Man kann sich also vorstellen, welche Mengen Drogen im Spiel gewesen sein müssen. Den moralischen Fragen stelle ich mich erst heute: dass andere durch mich in die harten Drogen gerieten, dass ein Drogendealer eigentlich das Letzte ist und von der Gesellschaft zu Recht gehasst wird. Als ich das zu realisieren begann, setzte zuerst eine Abwehrreaktion ein: Es waren besondere Umstände. Ich war selbst süchtig und so weiter. Bei manchen Insassen dauert dieses Abschieben der Schuld jahrelang, jedoch ohne dass es den Betroffenen besser gehen würde. Wenn man alles verliert, es absolut keine Ablenkungen von sich selbst gibt und die Kontrolle so umfassend ist wie hier, kann man wählen: Entweder man bastelt sich einen Strick, gibt sich auf, oder man lernt sich besser kennen. Man entdeckt nicht nur Gutes in diesem Zustand: Man muss unliebsamen Tatsachen ins Auge blicken und sieht sich so, wie man sich noch nie gesehen hat.

Selbstverschuldet und dumm setzte ich meine Zukunft aufs Spiel. Ich stamme aus geordneten, bürgerlichen Verhältnissen. Es fehlte an nichts. Ich besuchte gute Schulen, wurde gefördert und geliebt. Meine kriminelle Laufbahn kann ich keinen schlimmen

Umständen in die Schuhe schieben oder mit einer verpfuschten Kindheit rechtfertigen. Ich bin also quasi noch ruchloser und schlechter als die meisten anderen hier. Das Bitterste bleibt, dass ich meinen Eltern eine unglaubliche Enttäuschung bereitete. Sie waren erschüttert. Sie zweifelten an sich selbst. Sie mussten meine schöne Wohnung auflösen, mein Auto verkaufen. Die Stelle wurde mir gekündigt: Meine Eltern holten meine Arbeitsmesser und die gebügelten Schürzen mit dem eingestickten Namen ab. Meine verheißungsvolle Existenz löste sich vor ihren Augen und ohne meine Anwesenheit in Luft auf. Als wäre ich gestorben. Aber lassen wir das, es bringt nichts. Meine Eltern dürfen mich alle drei Wochen besuchen. Am Anfang trennte uns eine Glasscheibe, und als sie mich nach drei Monaten zum ersten Mal in die Arme schließen durften, heulte ich wie ein Schlosshund.

Ein paar Kollegen schreiben hin und wieder, aber auch das wird weniger, weil sie mit ihrem Leben in Freiheit beschäftigt sind. Halte ich ihre Briefe in den Händen, erfahre ich von ihren gelungenen Lebenswegen und frage mich unweigerlich: Was hätte ich in all den Jahren, die ich nun eingesperrt bleiben werde, erreichen können? Viel. Sehr viel. Ansehen, eine Familie. Private und berufliche Erfüllung. Mit den schmerzhaften, weil nun unrealistischen Details dieses Glücks versuche ich mich so wenig wie möglich zu befassen. Es gelingt nicht immer, und wenn ich in der Zelle hocke und im Fernsehen unvermittelt einen Werbespot mit Menschen sehe, die unbekümmert und zu Recht ihr einfaches und scheinbar bünzliges Leben genießen, arbeiten, nach Hause kommen, mit den Kindern spielen, ein Steak brutzeln, im Stuhl sitzend in die Abendsonne blicken, schießen mir vor Neid Tränen in die Augen, und ich werde wütend. Wütend auf mich selbst. In diesem Zustand mache ich hundert Liegestütze oder ein anderes Fitnessprogramm, das man auf wenigen Quadratmetern und ohne Gerätschaften absolvieren kann. Hauptsache, es ermüdet mich so sehr, dass ich an nichts mehr denken muss und schlafen kann.

Zwei Monate lang verfügte ich über keinerlei Autonomie. Mein Zustand und die Situation schienen unabänderbar zu sein. Man wird im Gefängnis zu einer leeren Hülle. Ob man dumm oder schlau, einsichtig oder nicht, schön oder hässlich ist, über Talente verfügt oder nicht, spielt im Knast keine Rolle: Wir sind uninteressant geworden für die Gesellschaft und manchmal auch für uns selbst. Zuerst wehrte ich mich gegen die Erkenntnis, ein Nichts geworden zu sein, und versuchte verzweifelt, in der Gefängnishierarchie etwas darzustellen. Doch die Erniedrigung von anderen ist sinnlos und dumm. In Unfreiheit verlieren manche Insignien und Eitelkeiten, die in der Außenwelt einen hohen Stellenwert genießen und einem eine Identität verleihen, an Bedeutung. Erst als ich innerlich akzeptierte, dass ich nicht besser bin als die übrigen Insassen, begann ich mich zu integrieren, entwickelte ich mich weiter und fühlte ich mich erstaunlicherweise weniger wertlos. Zu diesem Zeitpunkt hatte ich schon verschiedene Gespräche mit der Direktorin geführt. Der Chefin vertrauen auch die harten Jungs beinahe blind, das ist schon bemerkenswert.

Viele Insassen sind rückfällig und wandern bereits seit Jahren durch sämtliche Anstalten und Gefängnisse der Schweiz. Meistens wissen sie nur Schlechtes zu berichten. Eigentlich müssen die Zellen in der U-Haft – bis auf eine Stunde – dreiundzwanzig Stunden pro Tag geschlossen bleiben. Die Direktorin erlaubte an manchen Abenden, dass sich ausgewählte Männer auf dem Stock frei bewegen durften. Solche Details mögen

Außenstehenden nichtig erscheinen, aber für jene, die eingesperrt sind, handelt es sich um Lebensqualität. So ergaben sich Kontakte untereinander, man fühlte sich weniger einsam und isoliert. Wäre etwas schiefgegangen, hätte natürlich die Chefin den Kopf hinhalten müssen, aber ich glaube nicht, dass dies jemals passierte. Was sie nicht ausstehen konnte, waren Unhöflichkeit, Geschrei, Faulheit, Wehleidigkeit und unverschämte Forderungen. Schlimmer als jede andere Sanktion war für die meisten, wenn sie einen ignorierte, weil man etwas Dummes angestellt hatte. Viele verhielten sich anständig, weil sie dem »Chischte-Mami«, wie sie genannt wurde, gefallen wollten. Sie ließ sich nicht täuschen und machte es niemandem einfach, aber sie verschaffte im Rahmen des Möglichen Linderung und gab einem zu verstehen, dass vielleicht doch nicht alle Kriminellen gleich sind. Mir bot sie eine Chance, für die ich ihr immer dankbar sein werde.

Nachdem sich meine Haltung verändert hatte, kam sie auf mich zu und fragte, ob ich ins Küchenteam wechseln wolle. Ein größeres Privileg gibt es hier nicht. Ich wollte meine Bezugsperson auf dem Stock nicht verlieren, wir waren in der Zwischenzeit beste Kollegen, und vor der Einsamkeit fürchtete ich mich mehr als vor allem anderen. Die Chefin sagte: »Der Manuel* kommt sowieso auch ins Küchenteam.« Am liebsten hätte ich sie umarmt. Seither geht es mir besser. Die gemeinsame Zelle ist größer, es gibt sogar ein Sofa und einen Kühlschrank mit Softdrinks. Als ich zum ersten Mal seit Monaten kühle Kohlensäureperlen im Mund spürte, war es ein Glücksgefühl. Man wird bescheiden, so ist das. Das Beste an meiner Versetzung ins Küchenteam ist allerdings, dass ich wieder viel arbeiten darf und mich im unteren Stockwerk frei bewegen kann. Wenn ich mir mit geübtem Griff die Küchenschürze umbinde, spüre ich *mein Leben von einst. Vieles wird fertig angeliefert, anderes dürfen wir rüsten und manchmal sogar zubereiten. Das Essen hier ist, um es vorsichtig auszudrücken, gewöhnungsbedürftig, und kulinarische Problemstellungen drehen sich natürlich nicht mehr um die perfekte Reduktion einer Champagnersauce. Es fanden hingegen Angleichungen aus religiösen Gründen statt: So verschwanden die Schweinsschnitzel und die Würstli komplett vom Menüplan, um die Organisation zu vereinfachen. Das stinkt den nicht moslemischen Insassen natürlich mächtig, aber ändern kann man es nicht. Im Rahmen der beschränkten Möglichkeiten versuche ich, kreativ und innovativ zu sein, das ist manchmal eine ziemliche Herausforderung. Wenn es gelingt, freue ich mich am Lob der Insassen und mancher Mitarbeiter, die hin und wieder im Gefängnis essen, wie einst an den anerkennenden Worten der Gäste im Restaurant.*

Wie lange ich auf mein Urteil warten muss, weiß ich nicht. Die Ungewissheit setzt einem zu, man kennt sein Schicksal nicht und kann sich innerlich nicht arrangieren. Und doch kann ich heute sagen: Die einsamste und bitterste Zeit meines Lebens – die ersten Monate in U-Haft – verhalfen mir, einen klaren Kopf zu bekommen. Manchmal denke ich, dass ich ohne Inhaftierung weiter auf den Abgrund zugesteuert wäre. Vielleicht entsprechen solche Einsichten bloß einer Überlebensstrategie. In diesem Sinn sehe ich auch die lange Haftstrafe, die mich erwartet, nicht mehr nur als sinnlose, verlorene und vergeudete Zeit: In Freiheit wäre ich vielleicht gestorben, auf jeden Fall aber wäre ich ein verantwortungsloser Trottel geblieben.

Im Männerknast

Im Nachhinein betrachtet, trat ich furchtlos – oder vielleicht eher ahnungslos? – in das Gebäude an der Genfergasse ein, das sich von außen so unauffällig und still präsentiert. Der Lokalpresse sagte ich für ein Interview zu. Der suboptimale Titel lautete dann: »Sie will menschliche Wärme in das Gefängnis bringen«. Der Widerstand gegen meine Ernennung machte sich in den folgenden Monaten gesamtschweizerisch bemerkbar. Bereits nach wenigen Wochen ahnte man nicht nur in Bern, dass die unerfahrene Quereinsteigerin keine stramme Soldatin war und zudem Schuhe trug, deren Absätze abbrechen konnten. Nicht nur verweigerte ich mich den wie in Stein gemeißelten Ideen, an denen man aus Bequemlichkeit und einem Mangel an Visionen seit Jahrzehnten festhielt, ich ließ mich auch nicht einschüchtern, was meine viel kritisierte Geschlechtszugehörigkeit betraf.

Andere Frauen meiner Generation hatten sich in meiner Zeit als Hausfrau und Mutter ihre Führungspositionen hart erkämpft: Ihr forsches Auftreten und andere maskuline Attribute, die sich manche aneignen mussten, um ihre Anliegen durchzusetzen, lastete man ihnen als Radikalität an. Nun stellte ich fest, dass manche Kollegen selbständige und erfolgreiche Frauen unisono auf den negativ besetzten Begriff

»Emanze« reduzierten. Diese Strategie funktionierte bei mir nicht. Zu meinem Selbstbild gehörten geschminkte Augen und lackierte Fingernägel, gleichzeitig verweigerte ich mich dem männlichen Denken und Handeln im Gefängnisalltag. In manchen Verhaltensweisen sah ich ein emotionales Minimalistentum: als Schutz vor Gefühlsregungen, die man sich selbst nicht zugestehen mochte, jedoch auch, um weiterhin an Vorurteilen festzuhalten, die den Alltag in diesem Umfeld leichter und die Arbeit berechenbar machten.

Schüchtern war ich noch nie, und obwohl es mir an Erfahrung mit Häftlingen ebenso fehlte wie am Wissen, wie man einen Männerknast samt Ausschaffungsgefängnis führt, mischte ich mich intern und extern von Anfang an kritisch in sämtliche Diskussionen ein. Manche Probleme erschienen mir echt und komplex. Andere waren gut genährt und übergewichtig, hatten sämtliche Konturen verloren und wurden als unlösbar abgebucht. Die missbilligenden Blicke, die gefurchten Stirnen und das eiserne Schweigen zu meinen Voten verübelte ich den Kollegen nicht, eine frühe Standpauke jedoch schon, die mir ein Gefängnisdirektor aus der Deutschschweiz hielt. Wir standen auf der Kapellbrücke in Luzern. Seine Meinung, Frauen hätten in Führungspositionen im Gefängnisalltag und im Strafvollzug nichts zu suchen, weil das eine Verweichlichung der Strukturen zur Folge hätte, gipfelte in einer Zukunftsprognose, die nicht rosig klang: Ich würde auf der ganzen Länge scheitern. Ich antwortete frostig: »Das sehen wir dann noch«, drehte mich um und ging.

Anfänglich wurde ich mit Vorurteilen konfrontiert. Später, als ich meine Absicht kundtat, das Image der Gefängnisbetriebe und der dort arbeitenden Angestellten ebenso zu verbessern wie die innere Sicherheit und die Haftbedingungen, hielt man dies für die romantischen Flausen einer Ignorantin, die – so wurde hinter vorgehaltener Hand gemunkelt und gehofft – nach wenigen Monaten kleinmütig das Feld räumen würde. Es kam anders. Doch der Weg war steinig. Nicht nur für mich. Ich forderte auch meinen männlichen Mitarbeitern einiges ab.

In den ersten Monaten machte ich mich mit den verschiedenen Abteilungen vertraut: Aufsicht und Betreuung, Administration und medizinischer Dienst, Empfangsbereich und Aufnahme. Der reibungslose Ablauf in einem Gefängnis ist zentral. Wie bei einer Uhr müssen unzählige Räder ineinandergreifen, damit das große Werk in Gang kommt und funktionieren kann. Um dies zu gewährleisten, müssen die Angestellten oft interdisziplinär agieren, und der permanente Informationsaustausch ist ein Muss. Winzige Versäumnisse, eine unberücksichtigte Lebensmittelallergie, die ungewollt den Insassen gefährden konnte, jedoch auch eine medizinische Intervention und zusätzliche Betreuung notwendig machte, gehörten zu den geringfügigeren Folgen von kommunikativen Versäumnissen. In vielen anderen Fragen drohten jedoch regelrechte Katastrophen: Wurden zum Beispiel zwei verfeindete Insassen auf derselben Etage einquartiert, bestand das Risiko, dass nach dem Spaziergang einer der beiden schwer verletzt oder tot am Boden liegen blieb. Trafen Häftlinge, die in denselben Fall verwickelt waren, irrtümlicherweise aufeinander, wurde der korrekte Ablauf laufender Strafverfahren infrage gestellt.

Eine Arbeitstruppe, die am selben Strick zieht, wäre von Vorteil gewesen. Doch dies entpuppte sich als Illusion: Bei meinem Stellenantritt traf ich auf fünfzig Gefängnisangestellte, die sich in zwei Lager spalteten. Die Mitglieder der beiden Gruppen zeichneten sich dadurch aus, dass sie von den anderen nichts hielten und den Kontakt untereinander auf ein Minimum beschränkten. Die sogenannten Traditionalisten beriefen sich strikte auf die bestehenden Regeln und Bestimmungen, beharrten auf dem Prinzip von Sanktionen, und vom Schulbuch abweichende Meinungen qualifizierten sie als persönliche Schwäche. Fragen oder Unsicherheiten gab es in dieser Gruppe wenig. Schriftlich formulierte Abläufe und entsprechende Gesetzesparagrafen für Dutzende verschiedener Situationen und Szenarien konnten die Traditionalisten auswendig zitieren, und in der Meinung, so lasse sich das Risiko für Fehlentscheidungen verringern, hielten sie vehement an diesen Vorgaben fest, wobei »Nein« zu ihren Lieblingswörtern zählte. Liberalere Ansichten oder Ansätze, die im Plenum diskutiert wurden, bezeichneten sie als Resultat sozialromantischer Verirrungen oder schlicht als »Weiberzeugs«. Bei der zweiten Gattung handelte es sich um wenige Mitarbeitende, die bei Problemstellungen den gesunden Menschenverstand bemühten, eine Situation eigenständig beurteilten und im Rahmen des Erlaubten nach Lösungen suchten. Falls es ihnen sinnvoll erschien, erweiterten sie die Limiten, und bei Problemen gossen sie nicht noch zusätzliches Öl ins Feuer.

Welche Gruppe mir mehr entsprach, liegt auf der Hand, und welche Kollegen meiner Person und meinen Ansätzen kritisch gegenüberstanden, ebenfalls. Als eine der ersten Amtshandlungen lud ich jeden einzelnen Mitarbeiter zu einem persönlichen Gespräch ein. Jene, deren rigide Arbeitsweise in Verbindung mit einer grundsätzlichen Feindseligkeit gegenüber den Insassen einherging und die trotz langer Diskussionen keine Anstalten machten, von dieser Haltung abzuweichen, kündigten ihre Stelle. Meiner Überzeugung, dass mehr Härte nicht zwangsläufig mehr Sicherheit bringt, sondern eher das Gegenteil bewirkt, wollte ich Nachdruck verleihen, und meine Meinung bestätigte sich in den folgenden Jahren zu hundert Prozent. Die verbleibenden »Hardliner«, so erkannte ich bald, entpuppten sich allerdings als ebenso wichtig wie ihre milder gestimmten Teamkollegen. Von den Insassen manipuliert und unter moralischen Druck gesetzt, gerieten diese öfter in einen Clinch. Ihren Status als Vertrauenspersonen, die manches ermöglichten, worauf sie im Gegenzug in den Genuss von wichtigen Insasseninformationen kamen, setzten sie aufs Spiel, sobald sie auf einem Verbot beharrten oder eine Forderung ablehnten. Diesen Part übernahmen die Gestrengeren noch so gern: Sie sprachen ein Machtwort, wiesen die Gefangenen in die Schranken, zeigten ihnen ihre Grenzen auf.

Allerdings sprach auch ich Klartext: Unter anderem waren Drohgebärden – beispielsweise in Kampfmontur vor den einzelnen Zellen zu posieren – ab sofort nur noch erlaubt, wenn sich die Gefangenen eines gröberen Vergehens schuldig gemacht hatten oder eine akute Gefahrensituation drohte. Ich bestand darauf, dass die Insassen nicht angeschrien und nicht geduzt und keine despektierlichen Informationen über sie in Umlauf gebracht wurden. Die neuen Regeln setzten ein Betreuungsteam mit gestandenen Persönlichkeiten voraus, die über genügend Selbstbewusstsein verfügten, um den zahlreichen Provokationen zu trotzen, die den Insassen in der unendlichen Langeweile ihres eingeschränkten Daseins oft als einzige Ausdrucksform dienten. Machtmissbrauch, darunter auch versteckte Sanktionen, von denen man nur per Zufall erfuhr – dies machte ich meinen Mitarbeitern ebenfalls klar –, würde unter keinen Umständen toleriert.

Auch erste banale und praktische Entscheidungen stießen bei meiner Belegschaft auf wenig Begeisterung: Den Begriff »Moslemwurst« – gemeint war eine Wurst ohne Schweinefleisch – verbannte ich ebenso von der offiziellen Speisekarte wie die zahlreichen riesigen Konservendosen aus der Küche. Man musste keine Finanzspezialistin sein, um Einsparmöglichkeiten beim ohnehin knappen Budget zu orten: Wenn sich viele Gefangene nach einer Betätigung sehnen, wieso kauft man dann teure kulinarische Halbfabrikate ein? »Weil wir es immer so gemacht haben«, lautete die Antwort. Künftig gab es für jedes Essen frisch gerüstetes Gemüse, und das so eingesparte Geld setzte ich für einen abwechslungsreicheren Menüplan ein.

Wenig später traf ich eine Entscheidung, die einigen Mitarbeitern die Sprache verschlug. Meine Suche nach weiblichem Personal hatte im Frauentrakt geendet: Die Mitarbeiterinnen standen vor großen Wäschetrommeln oder am Bügelbrett. Bisher hatten sie wenige Gefangene in der Frauenabteilung zu betreuen, und wie selbstverständlich waren sie für die gesamte Wäsche des Hauses zuständig. Neu setzte ich sie als Betreuerinnen auf allen Etagen ein. Spätestens ab diesem Zeitpunkt war klar, wer der Chef im Haus ist, und nach einer anfänglichen Schockphase arrangierten sich die hartgesottenen Teammitglieder mit den neuen Bestimmungen, und manche erkannten in den neuen Arbeitskolleginnen, die in heiklen Situationen beruhigend wirkten, sogar einen Vorteil.

Michèle Beyeler, 50, ehemalige Mitarbeiterin »Aufsicht und Betreuung«

Bevor ich im Regionalgefängnis Bern sieben Jahre lang im Aufsichts- und Betreuungsteam arbeitete, hatte ich verschiedene Jobs: Ich arbeitete viele Jahre lang mit Drogensüchtigen, zuvor war ich bei einer Agentur tätig, die Tänzerinnen vermittelte. Ich kümmerte mich in diesem Rahmen um die Bewilligungen, aber auch um die Frauen, die aus vielen verschiedenen Nationen stammten. In allen drei Anstellungen hatte ich es mit Menschen zu tun, die sich in außergewöhnlichen Situationen befanden, was natürlich zu vielfältigen Problemen und Herausforderungen führte. Was ich heute sagen kann: Der Umgang mit diesen Menschen war anspruchsvoll. Ob sich der Arbeitsalltag als gut oder als mühsam erwies, hing aber nicht von den Süchtigen, den Stripperinnen oder den Gefängnisinsassen ab, sondern hauptsächlich von den Arbeitskollegen, die in einem Team beschäftigt waren.

Beim ersten Treffen mit der neuen Direktorin stellte ich sofort fest, dass wir das Heu auf der gleichen Bühne haben. Sie gefiel mir als Mensch. Ihre Ansätze folgten dem gesunden Menschenverstand, jedoch auch einem Herzen, das viele andere im Alltag mit den Gefangenen nicht mehr wahrnahmen, wie ich bald feststellen sollte. Geschieht einem dies, ist es in meinen Augen eine persönliche Niederlage, die man nicht zulassen dürfte; auch weil eine negative Haltung zur Unzufriedenheit der Gefangenen beiträgt. Ein Umstand, der das gesamte Arbeitsklima entsprechend beeinflusst. Von den Aufgaben einer »Gefängnisaufseherin«, wie uns manche noch immer nennen, hatte ich halbwegs klare Vorstellungen, als ich mich bewarb. Zuerst wurde ich dem Nachtteam zugeteilt. Das sagte mir weniger zu, weil der ganze Betrieb im Schlafmodus funktionierte und alle Insassen zu dieser Zeit in den Zellen eingeschlossen waren. So richtig auf die Welt kam ich im Tagesdienst, dem mich die Chefin auf meinen Wunsch hin zugeteilt hatte. War ich in der Ausschaffungsabteilung tätig, versanken die Tage in einem Strudel von Anforderungen und vielen Routineaufgaben, die den Ablauf bestimmten. Trat ich nach Feierabend aus dem Gefängnis, wusste ich jeweils nicht, wo mir der Kopf stand, und ich benötigte eine volle Stunde, bis ich mich beruhigt hatte. Den Job liebte ich trotzdem, weil er für mich mehr bedeutete als das Einschließen von kriminellen Elementen.

Was Marlise Pfander ideell vertrat und bei ihren täglichen Visiten an der Front lebte, setzten die zwanzig Mitarbeiter aus dem Aufsichtsteam im Alltag hundertfach um – oder eben auch nicht. Gefragt war eigenständiges Denken, und wenn man zum Schluss kam, dass die Essensluken in den Zellen bei extrem heißen Temperaturen geöffnet bleiben durften, damit zumindest ein imaginäres Lüftchen in die engen und stickigen Behausungen eindringen konnte, unterstützte die Chefin solche Entscheidungen immer vorbehaltlos. Sie ergänzte das Team mit liberalen Mitarbeitern, leider blieb es aber unter dem Strich in zwei Lager gespalten. Die »Traditionalisten« konnten sich immer auf den gesetzlichen Auftrag berufen und Zetermordio schreien, wenn man Erleichterungen verschaffte, die winzig erscheinen mögen, in der Gefangenschaft aber essenziell sind. Ich bin überzeugt, dass manche dieser Aufseher doch lieber Polizisten geworden wären, die entsprechenden Aufnahmeprüfungen aber nicht geschafft haben. Sie sahen sich als Autoritätspersonen, und ihr Selbstbewusstsein definierten sie darüber, Macht über andere ausüben zu können. Sie liebten ihre Uniform und ließen sich auch außerhalb des Gefängnisses so blicken. Man kann die Macht im Beruf positiv oder negativ nutzen. Streng und gerecht funktioniert, wer über eine gefestigte Persönlichkeit verfügt, sich nicht leicht provozieren lässt sowie private Probleme und Frustrationen unter keinen Umständen in den Arbeitsalltag trägt.

Jene, die ihre starren Regeln auf Teufel komm raus durchsetzen wollten, sparten logischerweise auch nicht mit Sanktionen, wenn ihre heilige Autorität torpediert wurde. In dem Fall musste man sich nicht mehr so wortgetreu an die offiziellen Richtlinien halten, da war man durchaus bereit, die Limiten auszudehnen. So hieß es dann: »Wir halten uns mit den Häftlingen gern im Aufzug auf – es ist der einzige Ort ohne Videokamera.« Hatte einer eine blutige Wunde am Kopf und fragte man, was passiert sei, hieß es, er sei gestürzt. Man sah es in den Augen des Insassen, dass es nicht stimmte. Solche Vorfälle nahmen jedoch rapide ab, vor allem weil die neue Direktorin bei solchen Übergriffen null Toleranz zeigte und rigoros durchgriff.

Man fand in diesem abgeschlossenen Mikrokosmos, in dem die Insassen in extremer Art und Weise von uns abhingen, aber auch subtile Formen der Bestrafung. Wenn einer – der durch Renitenz nervte oder den man aus anderen Gründen nicht mochte – an die Zellentür klopfte, mussten die Kollegen fragen, was los sei. Der Insasse klagte vielleicht: »Ich leide unter starken Schmerzen«, oder: »Ich habe eine Panikattacke.« Vielleicht wünschte er auch nur etwas Bestimmtes aus den persönlichen

Habseligkeiten oder eine Telefonnummer, weil er die Erlaubnis zu einem Anruf beantragen wollte. Die Antwort der Aufsicht lautete stereotyp: »*Wir haben jetzt keine Zeit, wir kommen später.*« *Begann die Abendschicht, klopfte derselbe arme Tropf noch immer an die Zellentür, ohne dass während der vergangenen zehn Stunden – und manchmal sogar während mehrerer Tage – etwas geschehen wäre, was ihm Linderung verschafft oder sein berechtigtes Anliegen erfüllt hätte. Solcherlei war für mich undenkbar. Ich sah die Insassen nicht als Feinde, und für ihre Vergehen interessierte ich mich nicht, da dieses Wissen meinen Umgang mit jenen negativ beeinflusst hätte, für die das Personal oft den einzigen sozialen Kontakt bedeutete.*

Die schwierigsten Männer waren die Ausschaffungshäftlinge. Viele verhielten sich wie zornige Kinder: Sie konnten extrem mühsam sein, und hatten sie endlich erreicht, was sie wollten – Aufmerksamkeit –, zeigten sie das größte Bedürfnis nach Zuwendung und Gesprächen. Da manche Kollegen mit den ausländischen Gefangenen per se ein Problem hatten, teilte ich mich, wann immer möglich, der anspruchsvollen Abteilung, die sie beherbergte, zu. Die Insassen freuten sich, wenn ich auf dem Stockwerk erschien, und benahmen sich meist anständiger als sonst. Da es im organisatorisch überfrachteten Alltag oft an Zeit fehlte, verfuhr ich bald so ähnlich wie manche Pflegende im Seniorenbereich, die sich den einsamen oder verzweifelten Patienten nach Arbeitsschluss widmen. Es war ein Trost, dass die Chefin ein solches Engagement sehr schätzte und dies auch zum Ausdruck brachte. Bevor sie das Ruder übernommen hatte, fehlte es an weiblichem Aufsichtspersonal. Die Frauen schufen ein Korrektiv, nicht alle, aber viele pflegten einen toleranteren Umgang mit den Angeschuldigten als ihre männlichen Kollegen: Das kostete nichts, tat der Sicherheit keinen Abbruch und ent-

sprach innerhalb einer kargen Infrastruktur, die durch mangelnde Möglichkeiten geprägt war, dem Anstand und der Menschlichkeit. Von den Gegnern wurde ich jedoch zigmal gewarnt, dass mich mein Verhalten, das weder leichtsinnig noch sozialromantisch war, eines Tages ins Grab bringen würde. Allerdings bin ich – im Gegensatz zu meinen rigorosen Kollegen – niemals angegriffen, beschimpft oder angespuckt worden. Noch heute sage ich: Wie man in den Wald ruft, klingt es zurück. Das hat sich im Umgang mit den Gefangenen hundertfach bestätigt.

Obwohl das RGB unter der ständigen Überbelegung ächzte, wurden auch immer mehr Kurzstrafen bei uns abgesessen. Unter jungen Leuten scheint es heute weitverbreitet zu sein: Man kassiert eine Buße, will oder kann nicht bezahlen und macht ein paar Tage Ferien im Gefängnis. Das hat mich sehr gestört, weil es auch zeigte, dass eine Gefängnisstrafe für manche Leute keine Schande ist, sondern eher ein Erlebnis, mit dem man bei Freunden angeben kann. Einmal verlangte eine junge Frau Textilfarbe, die ich ihr auch noch aushändigte, worauf sie ihr T-Shirt mit dem stolzen Spruch verzierte, im Regionalgefängnis gewesen zu sein. Sie trat in Hotpants und Highheels bei uns ein. Als ihr Freund sie ein paar Tage später auslöste, indem er das Bußgeld bezahlte, weckte ich sie und sagte ihr, sie könne jetzt gehen. Andere hätten ihr »Bündeli« sofort gepackt. Sie aber streckte sich gähnend aus, fiel müde auf die Pritsche zurück und befahl: »Sagen Sie meinem Freund, er solle in einer Stunde wiederkommen. Jetzt brauche ich zuerst eine Tasse Kaffee.« Da habe ich dann kurzen Prozess gemacht, und das Fräulein stand ganz schnell an der frischen Luft.

Vorsichtig war ich mit den psychisch Kranken, die im Verlauf der Jahre ebenfalls in großer Anzahl zu uns abgeschoben wurden. Fachliche Unterstützung war bei uns mehrheitlich in-

existent, und die lange Isolation verstärkte die Symptome dieser Insassen zusätzlich. Im normalen Vollzug waren sie untragbar, in den psychiatrischen Abteilungen mangelte es an Platz. Ich besuchte verschiedene Weiterbildungskurse, die den Umgang mit diesen teilweise tragischen Spezialfällen zum Thema hatten. Einer sprach nur mit seiner Puppe und wollte sich wochenlang nicht waschen. Ich konnte mit ihm reden, weil ich sein »Bäbi« sprechen ließ. Er sah dann ein, dass dessen Kleidchen auch mal gewaschen werden mussten, und gemeinsam gingen sie unter die Dusche. Auch andere Verhaltensweisen, die manche Kollegen als störrisch qualifizierten und sie bestrafen wollten, interpretierte ich neu: Einer zerstörte eine Steckdose komplett. Ich fragte ihn ganz einfach nach dem Grund. Er antwortete, in den Löchern laure das Böse, und um sich und die anderen Zellengenossen zu schützen, habe er die Buchse demolieren müssen.

Ich bin ja keine Psychologin, und eigentlich hätten solche Menschen eine fachliche Unterstützung benötigt. Später machte ich dann ein Praktikum in einer geschlossenen Psychiatrie. In der forensischen Sicherheitsabteilung waren Schwerstverbrecher mit psychischen Störungen untergebracht. Über die dortigen Zustände mag ich nicht reden; es war grauenhaft. Danach dachte ich, was ich von mir für unmöglich gehalten hätte: Der Tod würde diese Menschen von extremen und sinnlosen Qualen befreien, die ihnen die Art ihrer Bestrafung auferlegt.

2013 wurde bekannt, dass Marlise Pfander in Pension gehen würde. Es war klar, dass bald ein anderer Wind wehen würde, und ohne die Unterstützung der Direktorin sah ich, ebenso wie andere Angestellten, keine Zukunft im Gefängnis. Ich kündigte schweren Herzens, auch weil ich das Feld nun denjenigen überlassen musste, die in der Zwischenzeit eine Art Hochsicherheits-

gefängnis aus dem RGB machen wollen, wie mir zu Ohren gekommen war. Heute arbeite ich in einer Strafanstalt. Als Direktionsassistentin bin ich für administrative Aufgaben zuständig und erhalte natürlich auch Einblick in die elaborierten Bedingungen des Maßnahmen- und Strafvollzugs. Wenn ich an die entbehrungsreichen Zustände im Regionalgefängnis zurückdenke, scheinen mir die vielen Möglichkeiten sinnvoll: für die Zukunft der Insassen, aber auch, um den Mitarbeitenden den Arbeitsalltag erträglich zu machen.

Geben und nehmen

Ich machte mich mit den baulichen Gegebenheiten des dreißigjährigen Gebäudes vertraut. Die zuvor oft gehörte Meinung, dass es sich beim RGB um einen schwierigen und harten Männerknast handle, bestätigte sich bei diesen Rundgängen, doch die problematischen Details eines Betriebes, der mich zumindest in den Anfängen oft an Alcatraz denken ließ, erfasste ich erst nach Monaten. Ursprünglich für achtzig Inhaftierte geplant, platzte das Gefängnis mit über hundert Insassen bald aus allen Nähten. Während die Zellen der Untersuchungshäftlinge verriegelt und durch eine zusätzliche Stahltür am Ende der jeweiligen Etagen gesichert waren, durften sich die Ausschaffungshäftlinge auf ihrem Stockwerk freier bewegen. Verschiedene Ethnien, Kulturen und unter Umständen auch Mitglieder aus verfeindeten Clans prallten dort ohne Möglichkeit, einander auszuweichen, aufeinander. Das Aggressionspotenzial galt als extrem hoch. Mir wurde auch von rassistischen Übergriffen unter Nord- und Westafrikanern berichtet, die sich – sobald der Tagesbetrieb in den frühen Abendstunden eingestellt wurde – hinter verschlossenen Zellentüren zutragen sollen.

Eine Einzelzelle, wenn auch winzig, galt bei den Insassen als Privileg, meist hausten sie zu zweit, zu viert oder sogar zu sechst in dunklen Unterkünften, teilten sich ein Waschbecken, eine Toilette sowie den anfänglichen Schock, den die meisten angesichts ihrer totalen Entmündigung verarbeiten mussten. Die klaustrophobischen Bedingungen in den Mehrfachzellen sorgten täglich für heftige Streitigkeiten. Die Sanktionsmöglichkeiten seien in allen Abteilungen vielfältig, berichteten mir die Traditionalisten gut gelaunt: Mehrtägiges Fernsehverbot, Entzug der Zigaretten, der sofortige Zelleneinschluss wurden genannt, und dann fiel zum ersten Mal der Begriff »Bunker«. Gemeint war jene Arrestzelle im Untergeschoss, mit der ich mich gedanklich bereits befasst hatte. Randalierende Häftlinge und solche, die sich selbst verletzten, sollten dort auf Beschluss der Direktion bis zu zwanzig Tage lang eingesperrt werden. Der Bunker, videoüberwacht und aus diesem Grund stets schwach erleuchtet, ermöglichte eine komplette Kontrolle und entsprach einer würdelosen Situation. Für mich war es vor allem schwer vorstellbar, dass sich Menschen in der Einsamkeit und Beschränktheit dieses Settings bessern oder auffangen könnten. Der Gedanke, dass ich in Zukunft Menschen in diesen Käfig sperren müsste, behagte mir nicht, diese Maßnahme erwies sich in den folgenden Jahren aber öfters als letzte Möglichkeit, um die Insassen auch vor sich selbst, das heißt vor ihren extremen Aggressionen, zu schützen.

Die verschachtelten und beengenden Verhältnisse im Gefängnis trugen dazu bei, dass die Temperaturen im Betonbau im Winter tief blieben, während der heißen Jahreszeit jedoch schnell auf über dreißig Grad anstiegen. Die stickigen Verhältnisse dauerten oft tagelang an und führten im ganzen Betrieb zu stark überhitzten Gemütern. Anders als in anderen

Schweizer Anstalten, die abgeschottet vom übrigen Leben an der Peripherie von Städten und Gemeinden liegen, wurde den RGB-Insassen die Beschränktheit ihres Daseins in der unerträglichen Hitze besonders nachhaltig vor Augen geführt: Wenn sie stundenlang aus den vergitterten Zellen blickten, sahen sie Familien, die mit Gummibooten und riesigen Kühltaschen im Schlepptau durch den Hof in Richtung Aare unterwegs waren, andere hatten bereits ein erfrischendes Bad in den kühlen Fluten genossen, wie ihre nassen Haare und die über den nackten Schultern liegenden Frotteetücher erahnen ließen. Selbst warteten die Männer auf eine lauwarme Zusatzdusche, die man ihnen ebenso selten gewähren konnte wie eine zusätzliche Wärmequelle im Winter, wenn eisige Temperaturen herrschten und die alten Militärdecken die Schlafenden nur dürftig schützten. Von anderen Untersuchungsgefängnissen wusste ich, dass es Außenplätze und Möglichkeiten zu sportlichen Aktivitäten gab, damit die mehrheitlich jungen Insassen Energie, Wut und Frustration kanalisieren und abbauen konnten. In Bern setzten sich die beengenden Platzverhältnisse auch auf den beiden Höfen im obersten Stockwerk fort: Zubetonierte Plätze, einer kaum vierzig Quadratmeter und der andere knapp hundert Quadratmeter groß, ermöglichten einen Spaziergang oder ein untätiges Herumstehen, das war alles.

Der lange Verbleib im RGB schuf oft einen unguten Nährboden, und in den folgenden Jahren erlebte ich viele Männer, meist Kleinkriminelle, die über Jahre und manchmal sogar über verschiedene Jahrzehnte hinweg im Berner Knast ein und aus gingen. Anfänglich noch entschlossen, nie mehr inhaftiert zu werden, scheiterten die meisten an einer Asozialität, deren Wurzeln nicht hauptsächlich, aber auch in den schwierigen Bedingungen der Untersuchungshaft gesucht werden müssen.

Täglich dreiundzwanzig Stunden in den Zellen eingesperrt zu sein, war einst als kurzfristiges Regime gedacht. Der Platzmangel im Strafvollzug führte dazu, dass auch bereits verurteilte Insassen immer länger auf die Verlegung in eine Strafanstalt oder in ein Maßnahmenzentrum warten mussten. Manche verbüßten sogar ihre langjährigen Haftstrafen im Untersuchungsgefängnis. Auch das bisweilen langen Warten auf ein Urteil hatte negative Konsequenzen: Über Monate hinweg nicht zu wissen, mit welchem Strafmaß zu rechnen ist, wurde vor allem für jene zur Belastung, die ihre Taten bereuten und im Strafantritt den offiziellen Anfang einer Wiedergutmachung sahen. Andere wünschten den Beginn des Strafvollzugs herbei, damit sie arbeiten durften, von geregelten Besuchszeiten profitieren konnten sowie von einem professionellen Angebot von Helfenden. Ohne Möglichkeiten zu sportlichen, sozialen oder geistigen Betätigungen konzentrierten sich auch jene Untersuchungshäftlinge, die sich anfänglich intensiv mit ihrer Schuld auseinandergesetzt hatten, im Verlauf der lang dauernden Isolation beinahe zwangsläufig auf ihre Benachteiligung und ihre Qualen. Die Egozentrik vieler wurde durch die Umstände provoziert, wobei nichtige Details Krisen von erstaunlicher Kraft auslösen konnten und auch die Legitimation schufen, mit ständigen Reklamationen an die Angestellten des RGB – die einzigen Menschen, denen die Insassen in diesem trostlosen Universum begegneten – zu gelangen.

Diese wurden beinahe täglich von unzufriedenen Gefangenen angegriffen und verbal attackiert. Viele Mitarbeitende hatten in den vergangenen Jahren bereits das Weite gesucht, die Fluktuationsrate war in meinen Anfängen hoch, und bei anderen Mitarbeitenden sorgten psychische Belastungsstörungen für lange Absenzen, was den Betrieb ebenfalls negativ beeinflusste. Die zahlreich vorgebrachten Forderungen und Wünsche der Insassen, die unter meiner Führung nun einzeln geprüft und oft gutgeheißen wurden, bedeuteten für meine Mitarbeitenden genauso wie andere Neuerungen Mehrarbeit. Überzeugt, dass die Zufriedenheit der Gefangenen die innere Sicherheit garantiert und den anstrengenden Arbeitsalltag mittelfristig für alle Beteiligten erträglicher macht, hielt ich an meinen Grundsätzen fest.

Ich krempelte die Ärmel hoch und konzentrierte mich auf praktische Aufgaben, die eine Verbesserung für alle Beteiligten bedeuteten, jedoch keine finanziellen Ausgaben erforderten. Von Natur aus pragmatisch veranlagt, fiel es mir nicht schwer, die Schwachpunkte eines Betriebes zu analysieren, der seit dreißig Jahren in hundert Detailfragen ähnlich funktionierte und niemals hinterfragt worden war. Im Morgengrauen, nämlich exakt um 5.30 Uhr, startete bisher die Ausgabe des Frühstücks, was dazu führte, dass die Häftlinge ab diesem frühen Zeitpunkt den Rest des Tages untätig in ihren Zellen verbringen mussten. Um 16.30 Uhr wurde das Abendessen ausgeliefert, und nach dem Einziehen des Geschirrs verabschiedeten sich die Angestellten unisono in den frühen Feierabend. Ich schlich auf Zehenspitzen durch die dunklen Etagen und legte mein Ohr an Dutzende von Zellentüren.

Ich erinnerte mich plötzlich an meine Kindheit, als wir an Sommertagen früh zu Bett gehen mussten. Im Wissen, dass es draußen noch hell war, der warme Wind durch das hoch stehende Wiesengras fuhr, anderswo gezuckerte Erdbeeren gegessen wurden und manche Kinder erst jetzt ihre Badetücher zusammenrollen mussten, versuchte ich auch damals, Geräusche zu erhaschen; das Klappern von Geschirr, die Schritte der Mutter, sogar ein elterlicher Streit hätten mich getröstet. Ich vernahm nichts. Ein eigenartiges Gefühl erfasste mich, und heute weiß ich, dass es die Einsamkeit der kompletten Ruhe war, die mir Angst einflößte und mich in den Morgenstunden zu einem frühen Aufstehen verleitete. Ich öffnete das Fenster, lauschte dem Vogelgezwitscher und blickte in die rauschenden Baumkronen.

Wenn auf der Innenseite der Tür die Klinke fehlt und die Fenster verriegelt sind, findet das Leben immer auf der anderen Seite statt. Bei meinen ersten Rundgängen hatte ich eine beunruhigende Atmosphäre wahrgenommen, die meine Sorge um jene Häftlinge, die sich in meiner Obhut befanden und für deren Sicherheit ich mich auch in professioneller Hinsicht zuständig fühlte, verstärkte. Viel später wurden die Probleme der psychischen Gesundheit von Menschen in der Untersuchungs- und Ausschaffungshaft in einer Schweizer Studie untersucht. Das Fazit: In der Untersuchungshaft ist die Suizidrate bis zu viermal höher als in Freiheit, und die endlose Stille der Nacht birgt ein zusätzliches Risiko für Angstzustände und seelische Krisen. Erforscht wurden die Gründe für die Ausnahmezustände, und insbesondere wurde die mangelnde Ausbildung des Personals in diesem Bereich kritisiert. An Maßnahmen, wie man solchen Katastrophen vorbeugen könnte, mangelte es weiterhin.

Meine frühe Absicht, den Schichtbetrieb zu ändern und den Nachtdienst zu verstärken, stieß intern auf heftige Ablehnung: Eine lächerliche Idee, die Leute seien selbst schuld an ihrem Schicksal, wurde mir beschieden. »Schon richtig«, entgegnete ich ungerührt, »aber wir versuchen es trotzdem.« Ich erweiterte den Betrieb um eine Schicht und passte die Zeiten für die Essensausgaben an. Ein Mensch, der spät nachts mit Papieren raschelt, schweren Schrittes durch den Korridor geht, vielleicht kurz an die Tür klopft, um zu fragen, ob alles in Ordnung ist, kann Qualen lindern, von denen der in Freiheit Lebende glücklicherweise nichts weiß. Die Gewissheit, dass jemand in Reichweite ist, auch dadurch, dass dessen Präsenz akustisch wahrnehmbar war, würde sich beruhigend auswirken, so war ich mir absolut sicher. Wochen später erhielt ich zum ersten Mal einen Brief, der mir über die interne Post zugestellt wurde. »Der Engel Pfander ist nett und ihre Untertanen plötzlich auch. Haben Sie gegeben Gehirnwäsche oder vielleicht Medikamente?«, stand in krakeligen Schrift geschrieben und: »Ich danke für neue Essenszeit, und es geht auch besser mit Herz und Kopf, wenn der Gang lärmt.« Die Zeilen freuten mich, jedoch auch die Rückmeldungen meiner Mitarbeiter, denen die zusätzliche Schicht nun ermöglichte, mehr Zeit mit ihren Familien zu verbringen.

Jahre später lag dennoch zum ersten Mal ein verstorbener Mensch zu meinen Füßen. Es handelte sich um einen jungen Ausschaffungshäftling, der seit Wochen die ganze Belegschaft mit seinen Forderungen, Ansprüchen und Ausbrüchen genervt und auf Trab gehalten und sich nun das Leben genommen hatte. Der Psychiater war zwar angefordert worden, doch war er in der U-Haft für Dutzende weitere Insassen zuständig, was ihm weder Zeit für ein ausführliches Gespräch ließ noch eine gezielte Therapie ermöglichte. Die tausendfach verschriebenen Medikamente wurden nicht immer eingenommen, und um gezielte Kontrollen durchzuführen, die eine Einnahme garantiert hätten, fehlte es an Personal. Als der Fünfundzwanzigjährige, der auf keinen Fall ins sein Land zurückkehren wollte, tot am Boden lag, dachte ich an seine Mutter und daran, dass jene, die bei uns unerwünscht sind, anderswo ersehnt und geliebt werden. In meiner Amtszeit kam es zu weiteren Katastrophen. Ein Mann erhängte sich mit einem Duschvorhang, um den er mich Monate zuvor inständig gebeten hatte, weil er sich schäme, ganz ohne Sichtschutz die Toilette zu benutzen, ein anderer am Büchergestell; vor den Augen seines im Bett liegenden Zellennachbars, der einen Schock erlitt. Mein einziger Trost bleibt das Wissen, dass vier Suizide bei rund hundertzwanzigtausend Ein- und Austritten in neun Jahren im gesamtschweizerischen Vergleich verschwindend wenig sind. Und doch waren es vier Menschenleben zu viel.

Um die Kooperationsbereitschaft jener zu erreichen, deren Verhalten meinen Alltag ebenso nachhaltig prägt wie denjenigen meiner fünfzig Angestellten, erwies sich meine tägliche Präsenz auf den Stockwerken und in den Zellen bald als unabdingbar. Längst befasste ich mich mit den unterschiedlichen Delikten der Täter. Die weitverbreitete Haltung, die der Europäischen Menschenrechtskonvention (EMRK) entspricht, wonach alle Insassen bis zur Urteilsverkündung als unschuldig gelten sollen, hielt ich in der Zwischenzeit für falsch. Menschen, die in Untersuchungshaft geraten, müssen innerhalb von vierundzwanzig Stunden einem Zwangsmaßnahmegericht vorgeführt werden, das die U-Haft bestätigt oder aufhebt, also gilt eher: Wer länger als einen Tag in Untersuchungshaft sitzt, hat mit größter Wahrscheinlichkeit etwas ausgefressen. Der kleine Ladendieb, der erstmalige Unterschriftenfälscher sehen sich allerdings den gleichen rigiden Haftbedingungen ausgesetzt wie der Menschenhändler, der vorsätzliche Mörder oder der Kinderschänder. Sollten nun alle in den Genuss von Privilegien kommen, die ich bald zahlreich schuf? Ich begann am Grundsatz zu zweifeln, wonach in der Untersuchungshaft alle Straftäter gleich behandelt werden müssen. Die internen Reaktionen waren einmal mehr unfreundlich, in der Zwischenzeit wusste mein Team jedoch auch, dass ich Veränderungen rückgängig machte, wenn sie im Alltag zu Komplikationen führen sollten. Die Essensausgabe bei offenen Zellentüren hatte sich ebenso wenig bewährt wie die freie Medikamentenabgabe auf den Stockwerken. Weil beide Aktionen die Sicherheit meiner Leute gefährdeten, schaffte ich diese Lockerungen wieder ab.

Nun handelte es sich allerdings nicht um eine organisatorische Maßnahme, sondern um das Überdenken des Prinzips der Gleichbehandlung, das in den meisten Untersuchungsgefängnissen bis heute Gültigkeit hat. In den folgenden Monaten musste ich meine Haltung zudem abermals überdenken und revidieren. Nicht nur zwischen einem Kleinkriminellen und einem Vergewaltiger gibt es in moralischer Hinsicht Unterschiede, sondern auch zwischen den sogenannten Extremtätern. Die einen handelten im Affekt, andere planten das Schreckliche akribisch und bösartig. In der Vorsätzlichkeit liegt ohne Zweifel die größere Schuld. Doch im Gefängnisalltag erwies sich diese simple Beurteilung ebenfalls nur als bedingt tauglich. Jene, die ihre Tat geplant und aus niedrigen Beweggründen gehandelt hatten, kaltblütig vorgegangen waren, blieben in ihrem Verhalten oft schwer einschätzbar: Manche umgab die Aura der Gefährlichkeit bei jedem

Gedanken, den sie formulierten, andere kleideten die Reue und die Schuld in eindrückliche Worte oder fügten sich als scheinbar friedfertige Lämmer in den Gefängnisalltag ein. So zum Beispiel der »Heiler von Bern«, der mit infizierten Nadeln sechzehn Opfer mit dem HI-Virus angesteckt hatte, die Taten aber vehement bestritt und sich mir gegenüber unterwürfig höflich verhielt. Die Bibel stets mit sich führend, wusste er Dutzende von Passagen auswendig zu zitieren. War er ein Psychopath oder einfach ein guter Schauspieler? Um ein moralisches Urteil zu fällen und die Gefährlichkeit eines Gewaltverbrechers zu analysieren, Wahrheit und Lüge auseinanderzuhalten, Einsicht und Reue unter Beweis zu stellen, gibt es versierte Fachleute. Nur: In der U-Haft sind solche Experten eher selten anzutreffen.

Bei der Frage, welche Extremtäter in den Genuss von Privilegien kommen dürfen, musste ich ein eigenes Instrument für eine Beurteilung finden. Fortan konzentrierte ich mich auf das unmittelbare Verhalten dieser Insassen im Alltag hinter Gittern. Wichtiger als die Tat oder das Motiv erschien mir nun ihre Bereitschaft, Regeln zu akzeptieren und zu befolgen. Wollten sie dauerhaft in den Genuss von neu geschaffenen Vorteilen kommen, mussten Gegenleistungen erbracht werden, die das soziale Miteinander in diesem Mikrokosmos betrafen. Man könnte meinen, ein Mörder verstehe die Feinheiten eines solchen Deals nicht. So war es aber nicht. Eines der wichtigsten Privilegien, die ich in diesem Zusammenhang schuf, war der Wohngruppenvollzug. »Geht nicht. Haben wir noch nie gemacht. Jetzt dreht sie völlig durch«, lauteten die Kommentare mancher Mitarbeiter. Ich ließ auf den Etagen zusätzliche Sicherheitstüren einbauen. Nicht nur jene Insassen, bei denen keine Verdunkelungsgefahr bestand, konnten sich von nun an tagsüber frei auf diesen Korridoren bewegen, auch ausgewählte Insassen im Strafvollzug kamen in den Genuss eines Vorteils, der ihnen zu jenen sozialen Kontakten verhalf, auf die sie monatelang hatten verzichten müssen. Anderen verschaffte ich Arbeit und Beschäftigungsmöglichkeiten. Die Kollegen aus dem Hardliner-Team blieben kritisch und stellten freche Fragen: »Gibt es auch bald einen Rosengarten, damit die Direktorin dort Hand in Hand mit den Insassen spazieren gehen kann?«, und: »Wieso ist das Schicksal jener, die anderen Leid zugefügt haben, von solch großer Wichtigkeit?« Ich antwortete: »Weil alles andere eine ungute Kombination von Selbstmitleid, Hass und Resignation provoziert.«

Als selbsternannte Opfer, die keinerlei Ansprüche erfüllen müssen, weil man ihnen jegliches Vertrauen längst entzogen hat, belasteten diese Insassen den Betrieb übermäßig und entfernten sich gleichzeitig immer weiter von den moralischen Begriffen einer Gesellschaft, der sie sich nicht mehr zugehörig fühlen wollten. Mit negativen Konsequenzen bei der Resozialisierung, wie auch die Statistiken über die rückfälligen Straftäter zeigen. Den übersteigerten Anspruch, an diesem Missstand grundsätzlich etwas ändern zu können, hegte ich nicht, und zu einer Komplizin der Insassen, wie mir manche vorwarfen, ließ ich mich niemals machen. Auch jenen, die am Boden zerstört vor mir saßen, erklärte ich stets mit deutlichen Worten, was ich von ihren abscheulichen Taten hielt, die ich nun meist im Detail kannte. Gleichzeitig appellierte ich an die Selbstverantwortung, nannte die Leute beim Namen, blickte ihnen in die Augen, ließ ihnen Apathie nicht einfach durchgehen. Ich tat, was in anderen Gefängnissen vielleicht als überflüssig qualifiziert wird: So verdorben und kaputt der Einzelne auch sein mochte, ich gab ihm zu verstehen, dass ich ihn für fähig hielt, einen einfachen Anspruch zu erfüllen.

Wie heißt es so treffend? Es ist ein Geben und ein Nehmen. Nicht alle, aber viele Insassen verstanden diesen Satz, jedoch auch meine Sprache und mein Denken. Beides würde ich als direkt und der Gerechtigkeit verpflichtet beschreiben. Ich machte keine Versprechungen, die ich nicht einhalten konnte, war mir meiner Macht bewusst und fest entschlossen, sie zu nutzen, um im Rahmen meiner Möglichkeiten einen positiven Einfluss auszuüben. Vertrauen verschenkte ich großzügig, wurde es nicht erfüllt, schreckte ich nicht davor zurück, Privilegien rückgängig zu machen und mein Desinteresse offen zu zeigen. Eine abgelehnte Bitte um ein Gespräch, der Entzug meiner abendlichen Präsenz auf den Stockwerken, eine Zellentür, die geschlossen bleiben musste, erwiesen sich als gute Möglichkeiten, meiner Enttäuschung Ausdruck zu verleihen. Es war mir bewusst, dass ich nach dem Prinzip von Zuckerbrot und Peitsche verfuhr, jedoch wusste ich auch: Die Verbindung von Zugeständnissen, Verboten und Sanktionen weckte bei vielen Insassen Erinnerungen an vertraute Erziehungsgrundsätze ihrer Kindheit, wie sie mir auch in Gesprächen anvertrauten. In meiner Rolle als Chefin formulierte ich, was den meisten völlig fremd geworden war: Erwartungen an das Sozialverhalten und die Disziplin. Im Gegenzug sparte ich auch nicht mit anerkennenden Worten, wenn es einem Insassen gelang, ohne Streit, verbale Ausfälligkeiten und Zerstörungswut durch die Woche zu gelangen. Ein Lob oder eine kleine Geste der Zuwendung hatten viele Gefangene seit Jahren nicht mehr erfahren.

Einmal berührte ich einen vierzigjährigen Mann, der in Hand- und Fußfesseln bei uns eingeliefert worden war und als hochgefährlich galt, am Arm und ermahnte ihn, an seine Zukunft zu denken, nicht an die Vergangenheit. Es handelte sich um ein oberflächliches Gespräch, und angesichts seiner zerrütteten Biografie, in der das Eingesperrtsein die einzige Konstante zu sein schien, fiel mir als Ermunterung nur diese Plattitüde ein. Das Zusammentreffen dauerte nur kurz, und ich hatte es längst vergessen, als mich Tage später eine Karte erreichte. Die Vorderseite zierte eine Bleistiftzeichnung. Wir trafen uns fortan regelmäßig zu Gesprächen. Der Rückfällige verbrachte mehr als zwei Jahre bei uns, zuerst in Untersuchungs-, danach in Sicherheitshaft. Er bewährte sich ausgezeichnet, war im Putzdienst aktiv, hatte sogar einen schlichtenden Einfluss auf die übrigen Gefangenen, was dazu führte, dass seine Zellentür irgendwann den ganzen Tag über geöffnet blieb. Die neue Freiheit, wie er diesen Zustand nannte, ermutigte ihn, an seinem künstlerischen Talent zu feilen, was ich mit einer gesponserten Schachtel Farbstifte unterstützte. Ich erwähnte jede einzelne seiner Leistungen auch beiläufig vor den anderen Insassen. Dies schien ihm als Ansporn zu genügen, um – wie er es formulierte – zum ersten Mal in seinem Leben ein tadelloser Mensch zu sein.

Eric V.*, 55, Gewaltdelikte. Erwartetes Strafmaß: lebenslängliche Verwahrung

In Freiheit kann man mit seinem Verhalten beweisen, dass jene schlechten Prognosen, die andere abgegeben haben, nicht zutreffen. Man könnte sagen, dass mir das nicht gelungen ist. Andererseits habe ich die Erfahrung gemacht: Wenn man sich bessern möchte, glaubt einem die Gesellschaft sowieso nicht, woraufhin der Kriminelle irgendwann keinen Sinn mehr darin sieht, gegen sich selbst anzukämpfen. Also bleibt er so schlecht, wie er eben ist. Heute sagt man, ich sei gefährlich. Man sagt, ich sei unverbesserlich. Die anderen sehen mich so. Äußere ich Bedauern über meine Delikte oder den Willen, mich zu ändern, sagen sie: Er ist ein Lügner, er ist ein Manipulator. Hat ein Mensch seine Strafe abgesessen, ist er vor dem Gesetz ein freier Mensch. Für jene, die man verwahren will, gilt das nicht. Man glaubt, in die Zukunft sehen zu können, man glaubt, sagen zu können: Dieser Mensch wird wieder eine schlimme Straftat begehen, also sperren wir ihn vorsorglich für immer weg. Das ist nicht richtig. Das ist sogar falsch. Darum ist mein Fall jetzt vor dem Bundesgericht hängig.

Käme ich in Freiheit, würde ich als Erstes meine Kinder in die Arme schließen wollen, und dann würde ich eine Thermalkur machen und mir ein Gericht aus selbst gewählten Lebensmitteln zubereiten. Der Bewährungshelfer löchert mich – falls der unwahrscheinliche Fall tatsächlich eintritt, dass ich bald entlassen werde – bereits heute mit Fragen: Wo wirst du wohnen, was arbeiten, wie leben? Ich möchte, dass ich niemandem mehr Rechenschaft ablegen muss: Das ist meine Vorstellung von Freiheit. Machen, was ich will, ohne zu fragen und ohne Bericht erstatten zu müssen. Ich könnte mir auch vorstellen, den Lebensabend im Ausland zu verbringen. Was ich will, ist Ruhe. Einfach nur Ruhe. Ich bin jetzt fünfundfünfzig Jahre alt. Über dreißig Jahre meines Lebens war ich immer wieder lange Zeit inhaftiert. Meine Pensionierung habe ich mir also redlich verdient.

Träume von einer tollen Zukunft hatte ich nie, weil ich auf die Zukunft nicht vorbereitet war. Andere starteten mit ebenso schlechten Voraussetzungen und schafften es trotzdem, ein anständiges Leben auf die Beine zu stellen. Ich weiß nicht, wie die das machten. Die Erde, in der ich gedieh, war von Anfang an schlecht – das ist keine Entschuldigung, aber es war auch nicht verwunderlich, dass man mich immer wieder einsperren musste. Wenn ich nochmals von vorn beginnen könnte, würde ich alles anders machen, doch die Umstände müssten auch anders sein. Die Gefangenschaft und das Fliehen durchziehen meine Existenz wie ein roter Faden. Zum ersten Mal bin ich aus dem Kinderheim abgehauen, vor vierzig Jahren. Sie schlugen mich dort, und andere schlimme Sachen geschahen auch.

Die Freiheit stellte jedoch Ansprüche an mich, mit denen ich nicht zurechtkam, weil mir das entsprechende Wissen fehlte. Rückblickend kann ich sagen, ich suchte die engen und strengen Verhältnisse des Kinderheims, weil ich anders gar nicht überleben konnte. In Kanada kam es zu einem ersten Delikt und einem Aufenthalt im Knast. Was ich hasste, war mir vertraut:

Menschen, die über meinen Kopf und meine Wünsche hinweg entscheiden. Etwas anderes kannte ich nicht. Am Anfang war dies im Gefängnis eine Erleichterung, heute ist es eine Last, weil diese Abhängigkeit vielleicht für immer dauern wird. Das ist eine schlimme Vorstellung.

In jungen Jahren versuchte ich, einen anderen Weg zu finden und die Weichen neu zu stellen: Ich trat in die Fremdenlegion ein. Doch als ich in den Krieg hätte ziehen müssen, sagte mir das nicht zu, und ich kehrte in die Schweiz zurück. Es kam zu neuen Delikten. Ich wurde wieder eingesperrt. In der Gefängniszelle gab es nicht einmal eine Toilette, nur eine Schüssel, die wir im Lavabo leeren mussten. Das war meiner nicht würdig, sogar im Kinderheim gab es Toiletten. Aus diesem Grund flüchtete ich zum ersten Mal aus dem Strafvollzug. So ging ich in verschiedenen Vollzugsanstalten ein und aus, es kumulierten sich, auch wegen der Fluchten, immer höhere Strafen. Irgendwann sagte ich mir: Ich will erwachsen werden, die Ausbrüche müssen aufhören. Die längste Strafe, die ich bisher ohne Flucht absaß, betrug zehn Jahre.

Ich bin kein Mörder. Kriminell ja, aber kein Mörder und kein abgrundtief böser Mensch, obwohl ich anderen wiederholt schweren Schaden zugefügt habe und als rückfälliger Risikotäter gelte. Ich bin natürlich verantwortlich für die Dummheiten, die ich begangen habe. Aber geholfen hat mir auch nie jemand. Im Verlauf der Jahre hat man ein Monster aus mir gemacht, ein Wesen, das neben meinem eigentlichen Selbst steht. Wie ich dieses Monster beschreiben würde? Es ist so, wie ich nicht bin. Schlecht und defekt. Man behandelt mich auch so, wie ich nicht bin. Das ist hart. Früher habe ich gegen alles aufbegehrt, und in der Gefangenschaft schlug ich um mich, und auch andere, und wurde wiederholt in den Bunker gesperrt.

Meinen Kindern verdanke ich meinen längsten Aufenthalt in Freiheit: sieben Jahre. Ich sorgte für meinen Sohn und die Tochter. Ich war Familienmanager, hielt den Haushalt in Schwung, putzte, wusch und kochte. Sie sagten immer: »Papa ist der beste Koch der Welt.«

Es gab kurze Beziehungen und verschiedene Jobs, aber alles war vorübergehend, auch die Freiheit. Im Strafvollzug arbeitete ich kaufmännisch, ich musste immer das Gleiche machen. Man muss wenig Eigeninitiative entwickeln, Motivation ist unnötig. Es ist langweilig und repetitiv. Hinter Gittern gibt es keinen Wettbewerb, es ist nicht wie auf dem freien Arbeitsmarkt. In Freiheit scheitert man darum beinahe zwangsläufig. Der Staat bestraft und ist gleichzeitig schuld daran, dass die Kriminellen in der Gefangenschaft zusätzliche Fehler anhäufen. So kann die Resozialisierung nicht gelingen. Auch die Therapien brachten bei mir nicht viel. Die Studierten reden zu diesem Thema recht gescheit daher, aber das ist alles nur Theorie. Sie wissen nichts von der Schwäche derjenigen, die von Anfang an Fremdkörper der Gesellschaft sind und ihr irgendwann auch nicht mehr angehören wollen. Das Gefängnis wurde mir zur Gewohnheit. Was folgte, war die Einsamkeit. Die Einsamkeit verändert einen.

Ich erhalte keinen Besuch. Mit den Kindern bin ich in Kontakt, sie schreiben mir Briefe oder malen Bilder. Sie fehlen mir, aber hinter Gittern sollen sie mich nicht sehen. Ich will auch ihre Ruhe nicht stören, sie nicht aus dem Gleichgewicht bringen. Sonst habe ich keinerlei Beziehungen nach draußen, weil man mich abgeschrieben hat. Ich war so lange einsam, dass ich in der Zwischenzeit am liebsten allein bin. Meine einzigen stabilen Beziehungen sind die täglichen Kontakte mit dem Bewachungspersonal oder den Mitgliedern des Reinigungsteams.

Das Regionalgefängnis Bern ist weniger militärisch geführt als andere Einrichtungen. Ich kann es beurteilen, weil ich beinahe jeden Schweizer Knast von innen kenne. Ich bin schon lange hier. In Sicherheitshaft. Über die Direktorin habe ich in tausend Stunden Einsamkeit viel nachgedacht: Als sie das erste Mal auf mich zukam, mich ansprach und ein normales Gespräch mit mir zu führen begann, konnte ich kaum sprechen, weil ich so lange mit keinem Menschen mehr geredet hatte. Ich konnte nur noch schreien und randalieren. Ich glaube, dass sie in mir erkannte, was andere nie sahen. Einen Menschen. Sie gab mir einen Moment der Freiheit und die Hoffnung, dass ich vielleicht so sein könnte, wie sie mich sieht: nicht nur schlecht, kein Monster. Es ist das einzig Gute, was mir seit vielen Jahren widerfahren ist. Meiner Meinung nach ist sie ein anständiger Mensch, der nach Möglichkeiten sucht, damit man unter schwierigen Umständen miteinander kutschieren kann. Sie ließ mich Weihnachtskarten für das Gefängnis malen. Ich zeichnete alles aus der Erinnerung: verschneite Hügel unter einem sternenklaren Himmel, eine festlich geschmückte Tanne in einem gemütlich aussehenden Wohnzimmer. Menschen fehlen auf den Bildern, denn die Menschen haben mich – ebenso wie ich sie – immer enttäuscht.

Frau Pfander diskutiert auch mit anderen Insassen. Macht jemand Probleme, kommt sie auf den Stock und fragt, was los sei. Wir sind der Direktorin nicht unangenehm. So schlimm unsere Taten auch sein mögen, sie blickt nicht auf uns herab. Das erfordert Furchtlosigkeit, sicher aber auch ein intaktes Selbstbewusstsein. Sie hat meine Zelle geöffnet, obwohl ich als hochgefährlich galt. Enttäuscht man jene, die einem vertrauen? Nein, sicher nicht. Viele Insassen sagen, sie hätten sich eine solche Mutter gewünscht, fürsorglich, streng und gerecht. Ich auch.

Gibt sie einem eine Chance, ergreift man diese und strengt kurz die grauen Hirnzellen an: Es ist ein Abkommen, man soll sich korrekt und den Erwartungen entsprechend verhalten, wenn man etwas Gutes bekommt. Unter ihren Fittichen kam es bei mir zu keinen cholerischen oder gewalttätigen Zwischenfällen mehr, und meine Zellentür ist jetzt fast immer geöffnet. Ich putze, rolle Zigaretten, zeichne, höre Musik. Ich weiß mich zu beschäftigen und abzulenken. Ich habe eigentlich keine freie Minute, um nachzudenken oder Dummheiten anzustellen.

Die Direktorin ist in erster Linie ein Chef. In dieser Rolle genießt sie unter den Insassen Ansehen. Auch bei jenen, die eine Frau unter anderen Umständen als Chef nicht akzeptieren würden. Sie ist eine Person mit einer starken Aura. Ich erlebte es unzählige Male: Sobald sie auftauchte, beruhigten sich meist alle. Doch sie kann nicht nur Zellentüren öffnen, sie kann diese auch wieder schließen. Auf der Nase lässt sie sich nicht herumtanzen, und manchmal machte sie kurzen Prozess. Manche Insassen kennen keine Grenzen und stellen den ganzen Tag lang nur Forderungen, ohne Gegenleistung zu erbringen. So bin ich nicht. Beim Abschied sagte sie mir, sie drücke mir die Daumen für den Bundesgerichtsentscheid. Was sie mir damit sagen wollte, war ein großer Trost: dass sie mich lieber nicht für immer weggesperrt sehen will. Falls ich jemals freikommen sollte, werde ich nie mehr ins Gefängnis zurückkehren. In Freiheit möchte ich nachholen, was ich in vielen Jahrzehnten Gefangenschaft verpasst habe: eigentlich das ganze Leben.

Hundert verschlossene Türen

Mein persönlicher Schlüsselbund nahm – wie es sich für eine Gefängnisdirektorin gehört – ein beachtliches Ausmaß an und wog nun ein halbes Kilogramm. Dieser rasselnde und ständige Begleiter, verziert mit unzähligen Plüschtierchen, wurde zu meinem Markenzeichen. Unverzichtbar begleitete es mich durch einen Tag mit hundert verschlossenen Türen.

Eine Stunde nach meinem morgendlichen Eintreffen um 6.45 Uhr fand der Morgenrapport statt. Ohne Aussicht auf eine bequeme Sitzgelegenheit und ausschweifende Gespräche, trafen sich die verschiedenen Bereichsleiter an Stehpulten, die ich in der Strafanstalt Thorberg hatte anfertigen lassen, um die wichtigsten Ereignisse der vergangenen Nacht sowie die Pendenzen des bevorstehenden Tages zu besprechen. Rund dreißig Ein- und Austritte pro Tag, Neuzuweisungen und Verlegungen in andere Gefängnisse bestimmten diese Tagesroutine. Die administrative Organisation und die Budgetplanung fielen ebenso in mein Ressort wie die Pflege eines weitverzweigten Beziehungsnetzes zu Richtern, externen Hilfsstellen und vor allem zu den Direktoren der übrigen Schweizer Gefängnisse und Haftanstalten, mit denen ich mich nun in einem regen Erfahrungsaustausch befand. Lange Zeit hatte man im RGB nach dem Prinzip »Jeder kann alles« funktioniert, und dementsprechend oft war es zu ärgerlichen Fehlern gekommen, die vermeidbar gewesen wären. Nun machte ich neue Arbeitszuteilungen. Gemeinsam mit meinem damaligen Stellvertreter René Spicher analysierte ich die Leistung meiner Leute. Wir ergänzten uns beinahe perfekt, und entsprechend konstruktiv verlief die Zusammenarbeit. Von den Mitarbeitern wollten wir wissen, in welchen Bereichen sie ihr Können als überdurchschnittlich einstufen und welche Aufgaben ihnen besonders zusagten. Was man gern macht, kann man meist auch gut: Unsere Einschätzungen deckten sich bis auf zwei Fälle mit jenen der Befragten, die ab sofort in ihren bevorzugten Kompetenzbereichen eingesetzt wurden.

Um den riesigen Gefängnisbetrieb zu verstehen und die extremen Zustände nachvollziehen zu können, in die viele Insassen in den ersten Tagen des Freiheitsentzugs gerieten, muss man bei jenen Minuten beginnen, in denen das bisherige Leben zu einem abrupten Stillstand kommt. Nach der Festnahme durch die Polizei oder der Zuweisung durch ein Migrationsamt mussten sich die bei uns Eingewiesenen als Erstes einer Leibesvisitation unterziehen. Von vielen als unwürdig wahrgenommen, galt dieser Vorgang als Sicherheitsvorkehrung, um Waffen aller Art, Drogen und versteckte Handys aus dem Verkehr zu ziehen. Geld, Kreditkarten, Ausweispapiere mussten die Angeschuldigten ebenfalls beim Eintritt abliefern. Die Abgabe sämtlicher persönlicher Effekten führte dazu, dass die entsprechenden Lagerräumlichkeiten als überquellendes Gepäckdepot für Dutzende von Koffern und Taschen diente, da viele Asylsuchende ohne festen Wohnsitz waren und jene Habseligkeiten, die sie besaßen, stets mit sich führten.

Als schwierigsten Moment bezeichneten die Betroffenen im Nachhinein stets den, als die Zellentür zum ersten Mal hinter ihnen ins Schloss fiel. Der Gefangene gehörte nun jemand anderem als sich selbst, nämlich der Staatsmacht, und der damit verbundene Kontrollverlust provozierte zusammen mit der Machtlosigkeit bei vielen schlicht Angst. Angst vor der Bedeutungslosigkeit. Angst vor einer ungewissen Zukunft. Dass sich die bisherige Existenz innert weniger Tage pulverisiert, zeigten auch die Aufgaben der Administration: Die Mitarbeiter der externen Abteilung Bewährungshilfe und alternativer Strafvollzug (ABaS) veranlassten Wohnungsräumungen, wickelten die Details des Jobverlusts ab, der mit einer Inhaftierung verbunden war, und informierten allfällige Angehörige über den Verbleib des Gefangenen. Eine wichtige Aufgabe fiel den beiden »Nötzlis« zu, wie ich die überaus korrekten jungen Männer nannte, die auch für den reibungslosen Ablauf der Buchhaltung zuständig waren. Sie ordneten, falls nötig, die Stornierung der Auszahlung von Sozialgeldern an und führten für alle Insassen gefängnisinterne Konten. Jene, die über etwas Geld verfügten, durften am sogenannten Kiosk Zigaretten, Instantkaffee, Chips, Süßigkeiten, Rasierschaum und Duschmittel einkaufen. Frische Lebensmittel wie Früchte oder Joghurt ließen sich einmal pro Woche über ein internes System bestellen. Im Fall jener, die nichts hatten, und das war die Mehrzahl aller Insassen, veranlassten vielleicht Bekannte oder Verwandte die Überweisung von kleineren Geldbeträgen. Geschah dies nicht, mussten sich die Betroffenen mit der Gefängniskost, kaltem Tee, einem Stück Seife und sechs Gratiszigaretten pro Tag begnügen.

In der Gefangenschaft werden die Karten neu gemischt, und der Mensch muss sich in diesem Scheitern neu bewähren. Die Konfrontation mit einer Situation, in der die Normalität, die Individualität und sämtliche Entscheidungsmöglichkeiten wegfallen, keine Entfaltung möglich ist und Eitelkeiten keinen Platz haben, erfordert Eigenschaften, die der in Freiheit lebende Mensch selten unter Beweis stellen muss. Ich erlebte in dieser Hinsicht unglaubliche Leistungen und extreme Abstürze. Manche Insassen, darunter Wirtschaftskriminelle und prominente ausländische Regierungsangehörige, verfügten – obwohl ihre Konten längst eingefroren oder gesperrt worden waren – oft weiterhin über viel Geld, ein Umstand, den sie auch in der Gefangenschaft zu nutzen versuchten. Als Sondervergünstigungen wurden Schreibtische und gebügelte Anzüge gefordert, die Aufnahme von Rauchlachs und Cohiba-Zigarren im Kioskbetrieb angeregt, sogar ein Laptop mit Internetanschluss sollte bewilligt werden. Diese Anfragen von erlesener Höflichkeit landeten stets als Anwaltspost auf meinem Tisch und mussten durch die Staatsanwaltschaft beurteilt und bewilligt werden.

Ich sah nicht ein, wieso im Knast die gleichen Regeln gelten sollten wie in einer Welt, in der so vieles käuflich ist, und ich unterstützte derartige Gesuche nicht. Im Gefängnis sind endlich alle Menschen gleich, und dabei handelt es sich um einen Zustand, der manche Gefangenen im Innersten erschüttert: Schönheit und Jugend, Kraft und Intelligenz, Talente, Fertigkeiten und Hochschulabschlüsse verlieren hinter Gittern ebenso an Bedeutung wie die soziale Herkunft, der angehäufte Wohlstand und der Status. Ein Häftling ist ein Häftling. Unwichtig für die Gesellschaft, uninteressant für die einstige Peer-Group. Jene Merkmale, die den Einzelnen bisher von der Masse abgehoben oder ihm den Zugang zu einer bestimmten Gruppe ermöglicht hatten, erwiesen sich in der Gefangenschaft als unwichtig, weil nutzlos.

Mit dem Entzug der Freiheit gerät die eigene Identität auf den Prüfstand. Willensstärke und Disziplin sind notwendig, um mit der neuen und, wie manche sagen, würdelosen Situation umzugehen. Wer nicht in einen Teufelskreis aus Defätismus und Selbstmitleid geraten will, der das Risiko birgt, dass die später erlangte Freiheit zu einer riesigen Belastung wird, muss ohne Hilfe einen Weg finden, um die selbst verschuldete Zäsur durchzustehen. Nicht nur, aber gerade jene, die in der freien Welt Sozialkompetenz, Leistungswillen und Ehrgeiz unter Beweis gestellt und in spontan auftretenden Problemen bisher eine Herausforderung gesehen hatten, verhielten sich hinter Gittern oft ähnlich. Nach einer Weile akzeptierten sie die neue, unabänderliche Ausgangslage, entwickelten neue Verhaltensstrategien. Diesen Prozess trieben die »Mehrbesseren« oft mit einem ähnlich großen Elan voran, wie sie sich vermutlich auch ihre gesellschaftliche Position erarbeitet hatten. Klagen über missliche Umstände waren von diesen Kriminellen nur selten zu hören. Jene, die im Leben in Freiheit als erfolgreich gegolten hatten, fielen zwar am tiefsten, sie rappelten sich nach einer anfänglichen Schockphase aber auch häufig wieder auf.

So auch jener Akademiker, der sich seinen ungebildeten neuen Kollegen anfänglich haushoch überlegen fühlte und dieser Einschätzung Nachdruck verlieh, indem er die ersten Wochen völlig zurückgezogen verbrachte. Wie er mir berichtete, erkannte er in dieser Haltung später ein Anzeichen persönlicher Schwäche, die er sich nicht zugestehen wollte, und bald entdeckte er eine Aufgabe, die ihm Ablenkung und eine neue Form der Anerkennung – vor sich selbst und den Mitinsassen – einbrachte. Mit Eimer, Lappen und diversen Putzmitteln ausgerüstet, reinigte er nun täglich, italienische Arien vor sich hin pfeifend, sämtliche Zellen seiner Etage, die Toiletten und die Fußböden, und zwar dermaßen konzentriert, effizient und gründlich, dass jedes professionelle Reinigungsinstitut den Mann sofort unter Vertrag genommen hätte. Ein anderer »Chef«, der sich von den Mittellosen abgrenzte, indem er regelrechte Großeinkäufe am Kiosk tätigte und alles unter seiner Pritsche bunkerte, investierte gegen Ende der Haftzeit Hunderte von Franken, indem er seinen Zellennachbarn den wöchentlichen Einkauf finanzierte. Eigentliches Ansehen erreichte er allerdings, weil er für die intellektuell weniger Begabten schlaue Briefentwürfe verfasste, die allesamt ein einziges Ziel verfolgten: die sofortige Entlassung aus dem Gefängnis.

Einen Topmanager, dessen zahlreiche Sonderwünsche ich ebenfalls abschlägig beschieden hatte, traf ich eine Woche später beim Rundgang durch die Etage. Er trug wie jeden Tag eine Bundfaltenhose und ein Hemd, lobte das Essen, machte höfliche Konversation mit mir und inspizierte dabei sehr zufrieden sein morgendliches Werk. Die groben Bettlaken lagen millimetergenau gefaltet und straff gezogen über seiner Pritsche. Die mit Flicken übersäte Wolldecke hatte er ebenso akkurat, und als handle es sich um ein kostbares Kaschmirplaid, über der Bettstatt drapiert. Ich musste lächeln. Doch innerlich zollte ich ihm Respekt. Dafür, dass er sich nicht gehen ließ, sich täglich so kleidete, als stünde ein wichtiger Geschäftstermin auf dem Programm, und überdies fest entschlossen schien, keine weitere Unordnung in seinem Dasein zu dulden. Zuerst brachte ich ihm eine neue Decke. Und einige Monate später gelangten alle Insassen in den Genuss einer Annehmlichkeit, die in anderen Gefängnissen längst Einzug gehalten, jedoch nicht auf der Wunschliste des besagten Managers gestanden hatte: brandsichere, nordische Duvets.

In einem Mikrokosmos, in dem das Essen geliefert, die Wäsche gewaschen wird und andere entscheiden, ob man einen Haarschnitt oder eine frisch gewaschene Jeans benötigt, seine Frau sehen kann, ein Poster an der Wand aufhängen darf, lösen sich das alte Leben, das Selbstbild, aber auch die Zukunft Stück für Stück im Nichts auf. Diese abrupten Veränderungen versetzten viele Inhaftierte in den ersten Tagen der Gefangenschaft in einen Schockzustand. Ohne Zerstreuung, Ablenkung, professionellen Beistand oder menschliche Kontakte entwickelten manche in diesem Setting absonderliche Strategien, um keine Verantwortung für ihre Taten übernehmen zu müssen, und hielten an den unglaublichsten Lügengeschichten auch noch Monate später hartnäckig fest. Andere traf die Verzweiflung in der Einsamkeit der Isolation mit solch unbändiger Wucht, dass sie in schwerwiegende und unberechenbare Krisen gerieten. Jenen, die ich in dieser Phase der Verzweiflung als Gefahr für sich selbst einstufte, gewährte ich uneingeschränkte Aufmerksamkeit, und viele machten kurz nach der Einlieferung ins RGB von der Möglichkeit Gebrauch, mit einem Menschen zu sprechen, dem ihr Schicksal nicht gleichgültig war. Ich sah meine Aufgabe unter anderem darin, die Angeschuldigten von der Richtigkeit eines Geständnisses zu überzeugen, behandelte die inhaltlichen Details zu den Verbrechen jedoch streng vertraulich.

Mehr als einmal raubten mir die Taten, aber auch die geschilderte Normalität, die dem Schrecklichen voranging, jene

Stunden, in denen nichts auf die schreckliche Entwicklung der Geschehnisse hindeutete, wochenlang den Schlaf. Aufgrund einer fatalen Minute, aufgrund eines entfesselten Ausnahmezustandes wurden Existenzen für immer zerstört. Einmal nahm ich einen verwirrt scheinenden Mann in Empfang. Obwohl er nicht schrie und nicht tobte, befand er sich in einem desolaten Zustand, und wie in Trance erzählte er in eigenartigen Bruchstücken vom zurückliegenden Tag, der sich von tausend anderen nicht unterschieden hatte, und nichts in seiner Vergangenheit, kein Vergehen, keine Auffälligkeit hatte erahnen lassen, dass er das Leben von geliebten Menschen, aber auch sein eigenes für immer zerstören würde.

Er fuhr im Auto zur Firma. Er arbeitete sieben Dossiers durch, die komplizierte Versicherungsfälle betrafen. Es war heiß. Er stellte den Ventilator auf den Schreibtisch und betrachtete die Fotografie im Silberrahmen neben der Lampe: Eine hübsche Frau, die dunklen Haare hochgesteckt, hielt einen Säugling im Arm. Er freute sich auf den Feierabend. Er legte Bananen in den Einkaufswagen für sein Kind und einen Strauß Blumen für die Frau. Er lief die Treppe zu seiner Wohnung hoch und erinnerte sich ab diesem Zeitpunkt an nichts mehr. Wie gelähmt saß er vor mir, vergrub seinen Kopf in den Händen, hielt sich die Ohren zu, blickte mich in blankem Entsetzen an: Was ist geschehen? Was ist passiert? Ich erklärte es ihm: Seine Frau und sein dreimonatiger Sohn waren erstochen worden. Er brach in Tränen aus: Von wem? Ich antwortete: »So wie es aussieht, von Ihnen.« Die Monate bis zur Urteilsverkündung, die eine Einweisung in die geschlossene Psychiatrie bewirkte, verbrachte dieser Mann dem Wahnsinn nah und ohne adäquate fachliche Hilfe bei uns im Gefängnis.

Bei Taten, die im Affekt geschahen, erlebte ich bodenlose Verzweiflung und zu einem späteren Zeitpunkt oft abgrundtiefe Trauer und Reue über furchtbare Geschehnisse, die nicht mehr rückgängig gemacht werden konnten. Manche befassten sich in der lang dauernden Untersuchungshaft intensiv mit der Schuld und der nicht wiedergutzumachenden Last, andere in schwerwiegender Art und Weise geschädigt zu haben. Nach Vergebung suchten diese Insassen nicht, eher verzweifelt nach Antworten, aus welchen Gründen die Katastrophe hatte geschehen können. Die anderen, die Reglosen, so dachte ich anfänglich, befanden sich ebenfalls in einem Schockzustand, und das Unterbewusstsein diktierte ihnen das Verbot, Gefühle zuzulassen, ansonsten sie die ersten Wochen nach der Tat nicht überleben könnten. Öfter als der Schock, so realisierte ich später, war eine Gefühlskälte für diese Art der Apathie verantwortlich. Man könnte auch sagen: Das Fehlen jeglicher Moral und der Mangel an Respekt gegenüber anderen Lebewesen prägte das Verhalten dieser Insassen im Nachhinein. Diese Täter erschütterten mich, denn sie legten eine Abgestumpftheit an den Tag, die nicht weichen wollte und die ich nicht nachvollziehen konnte.

Das Recht, schockiert zu sein, das Recht auf ungezügelte Empörung ließ ich mir in all den Jahren nicht nehmen, denn beides ermöglichte die Abgrenzung gegenüber jenen, die ich im Grunde meines Herzens verabscheute: den Kaltblütigen. Ihr moralisches Wertesystem war oft inexistent oder folgte der irrsinnigen Idee, Brutalität festige ihre Position unter Gleichgesinnten. Das moderne Rechtssystem verlangt nach Gründen, wieso Schreckliches geschehen kann. Habgier, die Aussicht, ohne Leistung zu Reichtum zu gelangen, erwies sich als häufigstes Motiv, um anderen Menschen massiv zu schaden. Dass Verbrecher, die deswegen im Gefängnis weniger als nichts hatten und bei uns ohne jene Nachsicht auskommen mussten, die hinter dem Motiv einen Milieuschaden, eine entlastende Erklärung sucht und oft auch findet, schien mir Teil einer harten, aber gerechten Strafe, die ich ihnen auf keinen Fall ersparen wollte.

Auf die ehemalige Bestrafung des Körpers folgte vor rund hundertfünfzig Jahren die Bestrafung der Seele und damit auch die Absicht, den Kriminellen zu bessern. Wie schwierig dieses Unterfangen für die entsprechenden Experten im Vollzug manchmal sein muss, konnte ich manchmal nur erahnen. Denn bald zweifelte ich daran, ob sich jene, die bei uns kein Bewusstsein für die Tat zeigten, später tatsächlich verändern konnten.

In Erinnerung blieb mir in diesem Zusammenhang ein arbeitsloser junger Schweizer, der eine Zeitungsannonce entdeckt hatte, wie er mir erzählte: »Schnell viel Geld verdienen«. Er meldete sich telefonisch und traf eine Verabredung mit dem Verfasser der Anzeige. Der Mann fuhr in einem Sportauto vor, trug Anzug und Krawatte und eröffnete seinem beeindruckten Gegenüber, er könne ihm einen Job vermitteln, der ihm ohne Anstrengung sehr viel Geld einbringen werde. Der Auftrag, die Ermordung einer Frau, schockierte den Jüngling überhaupt nicht, und Fragen an die Person, die ihn zu einem Mörder machte, trieben ihn nicht um. Nach zehn Minuten war die Unterredung beendet und der Deal eingefädelt. Die Tage bis zur Tat vertrieb sich Sandro P.* unbeschwert mit seinen Kollegen im Ausgang und beim Computerspiel. Am verabredeten Datum lauerte er seinem Opfer frühmorgens in der Tiefgarage auf. In der zweistündigen Wartezeit hielt er sich nicht mit Zweifeln zu seinem Vorhaben auf, sondern aß ein Schinkensandwich und träumte davon, welche Anschaffungen sein baldiger Reichtum möglich machen würde. Auf die Frau stach er von hinten mit einem Messer ein. Sie konnte sich in die Wohnung retten, erlag später jedoch ihren furchtbaren Verletzungen.

Der vor mir Sitzende berichtete seelenruhig von seiner widerwärtigen Tat, die er mit vielen Details ausschmückte. Ich sah den jungen Mann an und stellte ihm nur eine einzige Frage: wie er sich den Rest seines Lebens vorstelle. Er schwieg. Einerseits schien er sich seiner schrecklichen Tat nicht bewusst zu sein. Andererseits ließ er mich wissen, er habe nur deshalb ein Geständnis abgelegt, weil er im Nachhinein erfahren habe, dass sein Opfer schwanger gewesen sei. Später erfuhr ich, dass auch dieser Täter in eine psychiatrische Klinik eingeliefert worden war.

Im Verlauf von vielen Jahren revidierte ich meine anfängliche Überzeugung, dass jeder Mensch eine zweite Chance verdient. Die forensische Psychiatrie attestierte jenem jungen Frauenmörder in der Zwischenzeit vermutlich eine schwere Persönlichkeitsstörung oder gar eine Soziopathie. Vielleicht durchlief er eine deliktorientierte Therapie mit hoch motivierten Experten, die ihn auf den Pfad der Tugend zurückführen wollten. Ob es je gelingen wird, bezweifle ich sehr. In meiner Wahrnehmung bleiben jene ein Risiko für die Gesellschaft, die ihre mangelnde Empathie in den ersten Gesprächen nach der Tat ungeniert und sehr ehrlich kundtaten: zu einem Zeitpunkt, als sie noch nicht in einem therapeutischen Kreislauf steckten und ihnen vorgegaukelte Reue und antrainierte Schuldgefühle noch keinerlei Vorteile versprachen. Solche Extremtäter sind selten, aber sie begegneten mir mehr als einmal. Geraten sie in den Therapiekreislauf des Maßnahmevollzugs, sind manche bald fähig, so zu denken und zu sprechen, wie man es von ihnen erwartet.

Nach Jahrzehnten, in denen die Täter beinahe systematisch zu Opfern gemacht wurden, man die Beweggründe für die kriminelle Energie in ihren gebrochenen Biografien suchte und auch fand, was öfters zu milden Urteilen und baldigen Hafterleichterungen führte, fand nach dem Mord an der Zürcher Pfadfinderin Pasquale Brumann Anfang der 1990er-Jahre ein Umdenken statt. Die Verwahrungsinitiative wurde 2004, im Jahr meines Stellenantritts, durch das Stimmvolk an der Urne angenommen und zeigte, dass man die öffentliche Sicherheit und den Opferschutz künftig stärker gewichten will. Meiner Meinung nach zu Recht. Doch die Umsetzung der Initiative erwies sich in den folgenden Jahren als problematisch und scheiterte bisher auch am Willen der Richter, den kritischen Einschätzungen der Psychiater zu folgen. Anstelle von mehr lebenslänglichen Verwahrungen werden heute vermehrt stationäre und therapeutische Maßnahmen ausgesprochen, die auf fünf Jahre ausgelegt sind, was auch horrende Ausgaben verursacht, da vor allem die Unterbringung von hochgefährlichen Tätern in geschlossenen Spezialkliniken ein sehr kostspieliges Unterfangen ist.

Beatrice Willen, 44, ehemalige Leiterin Gesundheitsdienst

Als diplomierte Pflegefachfrau arbeitet man normalerweise in einem Krankenhaus oder in einer psychiatrischen Klinik. Beide Arbeitsorte verfügen über eine elaborierte Infrastruktur, festgelegte Hierarchien und geregelte Arbeitsabläufe. Der Dienst am Krankenbett steht im Vordergrund, und dabei können die Pflegenden auf die Hilfe von verschiedenen Ärzten aus diversen Disziplinen zählen. In einem Gefängnis ist alles anders. Im RGB trugen verschiedene Faktoren zu bisweilen chaotischen Verhältnissen in der medizinischen Versorgung bei. Das Pflegeteam war knapp dotiert. Manche Mitarbeiterinnen, die ich einstellte, suchten nach kurzer Zeit das Weite, weil ihnen der Arbeitsalltag einfach zu extrem war. Ärztin und Psychiaterin waren abwechslungsweise halbtags anwesend, die übrige Zeit blieben wir auf uns allein gestellt.

Wenn man weiß, dass niemand da ist, der die Aufgaben zu Ende führt, wirft man den Bettel natürlich nicht einfach bei offiziellem Arbeitsschluss hin. Zwölf-Stunden-Tage waren normal, und der nächtliche Pikettdienst führte dazu, dass man auch nach dem Feierabend mit dem Kopf bei der Arbeit blieb. Die Nachricht, dieser liege ohnmächtig in der Zelle oder jener sei soeben blutüberströmt dort aufgefunden worden, und die

Frage, was zu tun sei, riss mich manchmal aus dem Tiefschlaf, und die Aufregung hielt mich bis in die frühen Morgenstunden wach. Wurde jedoch eines meiner Kinder krank oder musste ich spontan zu einem Elterngespräch, erwiesen sich solche Absenzen stets als Problem. Das hat mich geärgert und gestresst, vor allem weil die männlichen Angestellten aus den anderen Teams wochenlang krank sein konnten und man darüber kein Wort verlor. Mit der Chefin führte ich manche Auseinandersetzung, man musste bei ihr kein Blatt vor den Mund nehmen. Auch wenn sie bei solchen Diskussionen schlecht wegkam: Kritik hatte bei ihr niemals Sanktionen zur Folge. Weil diese Ehrlichkeit möglich war, konnte ich den Job sieben Jahre lang gut und gerne machen.

Man musste sich in dieser Männerwelt durchsetzen. Die Sprache war rau, der Umgang unzimperlich, und die Interventionen wurden effizient erledigt. Alles andere führte zu nichts beziehungsweise verlangsamte das Arbeitstempo, und die Gefangenen hatten das Nachsehen, jedoch auch wir selbst. Bei hundertdreißig Insassen betreuten meine Kolleginnen und ich im Durchschnitt sechzig bis siebzig laufende Patientenakten. Wir waren für die Vorabklärungen von sämtlichen gesundheitlichen Anliegen zuständig. Da sonst niemand eine Ahnung von medizinischen Fragen hatte, war unsere Autonomie groß, jedoch wog auch die Verantwortung schwer. Man musste die leichten Fälle von denjenigen unterscheiden, die mehr Beachtung verlangten oder sogar eine Überweisung in die Sicherheitsabteilung des Inselspitals notwendig machten. Am Anfang hieß es dort auch schon: »Wir haben jetzt keine Zeit, um uns um einen Gefangenen zu kümmern.« Die Vorsichtsmaßnahmen im Umgang mit kranken Insassen führen natürlich auch im Spital zu einem Mehraufwand: Skalpell oder Schere herumliegen zu lassen, könnte fatale Konsequenzen haben, um nur ein Beispiel zu nennen. Mit der Zeit vernetzte ich mich aber immer besser mit den Zuständigen, und die Zusammenarbeit klappte gut; heute werden in der betreffenden Spezialabteilung im Berner Inselspital pro Jahr rund vierhundert Insassen behandelt, die auch aus anderen Gefängnissen der Region stammen.

Das Leben draußen macht manchmal krank, das Leben drinnen aber auch: Eine wissenschaftliche Untersuchung fand kürzlich heraus, dass Männer, die lange Jahre im Gefängnis und Vollzug verbringen, schneller altern und früher sterben als andere. Es gilt der Grundsatz: Der Häftling soll nach der Haftentlassung physisch und psychisch nicht kränker sein als bei seinem Eintritt. Zaubern konnten wir aber nicht, und manche Eingriffe mussten abgelehnt werden. Wenn einer seit fünf Jahren eine Eisenplatte im Bein hat, wird diese sicher nicht in der Gefangenschaft entfernt, ebenso wie Eingriffe kosmetischer Natur oder aufwendige Zahnsanierungen durch die entsprechenden Behörden nicht bewilligt wurden.

Es galt, die Kosten niedrig zu halten, das heißt, die meisten Insassen wurden intern durch uns behandelt. Festzustellen, ob einer bloß unter den Folgen einer Erkältung litt oder seine Beschwerden als Anzeichen eines Herzinfarktes gedeutet werden mussten, lag in meiner Verantwortung. Den größten Horror hatten alle davor, dass einer sterben könnte, weil sich eine Einschätzung als falsch erwies oder in der Hitze des Gefechts andere Fehler geschahen. Das fachliche Wissen ist ausschlaggebend, damit es zu keinen Katastrophen kommt, mit der Zeit entwickelt man aber auch ein sicheres Gefühl für die Ernsthaftigkeit von Situationen und für Übertreibungen. Viele Insassen fixieren sich im Gefängnis geradezu fanatisch auf sämtliche noch so winzige gesundheitliche Problemchen: Das ist kein Wunder, denn sonst haben sie ja nichts zu tun. Ein Pickel ist dann bereits die Vorstufe zu einem Hautkrebs und ein Husten der sichere Beweis für eine Tuberkulose.

Dass ein Mörder oder Vergewaltiger im Umgang mit sich selbst sensibel und wehleidig sein kann, könnte irritieren, und auch, dass man als medizinisches Personal das Leiden jener lindert, die im Umgang mit ihren Opfern keine Gnade zeigten. Zum Glück fehlte es mir in der Hektik des Alltags an Zeit, um mich in solche Gedanken zu vertiefen. Man wird mit der Zeit pragmatisch, Gleichgültigkeit wäre jedoch fatal. Immer wieder stellte ich bei manchen Männern auch fest, dass sie nie gelernt hatten, krank zu sein. Entweder machten sie aus jeder Mücke einen Elefanten, oder sie ignorierten ernsthafte Probleme – darunter vor allem die kraftstrotzenden Machos –, weil sie eine gesundheitliche Beeinträchtigung als Einbuße ihrer Männlichkeit interpretierten. Bei den ausländischen Insassen, aber auch bei vielen Drogensüchtigen beobachtete ich öfters eine grundsätzliche Verwahrlosung des Gesundheitszustandes. Die Fixerinnen hingegen nutzten den Aufenthalt hinter Gittern oft bewusst, um sich vom Gassenstress zu erholen. Die Körperpflege und das regelmäßige Essen waren dann Themen, ebenso wie die Ruhe und die Entspannung. Die Frauen waren unter dem Strich die angenehmeren Patienten und Insassen: Sie waren leidensfähig, aber auch eher in der Lage, ihrer misslichen Situation einen positiven Aspekt abzuringen. Den gab es auch aus Sicht des Gesundheitsdienstes: In Freiheit vergaßen jene, die randständig lebten, oft genug die Arzttermine oder hatten keine Krankenversicherung. Im Gefängnis konnten längst fällige Behandlungen konsequent durchgeführt werden, und zwar ohne Rücksicht auf den rechtlichen Status oder die Herkunft der Person.

Ob die Beschwerden subjektiver Art waren oder ihnen tatsächlich objektive medizinische Indikationen zugrunde lagen, ließ sich im psychischen Bereich nicht immer genau sagen. Zugute kam mir bei diesen Analysen sicher meine Ausbildung, die ich einst in der geschlossenen Psychiatrie einer großen Klinik absolviert hatte. Schlafprobleme und depressive Verstimmungen waren im RGB an der Tagesordnung. Wir konnten an den Gründen für die stressbedingten Probleme nichts ändern, das heißt, wir durften die Leute ja nicht in die Freiheit entlassen. Ob einer ein Psychopath war oder unter einer akuten Schizophrenie litt, wurde auf meine Intervention hin durch die Psychiaterin abgeklärt. Bei der Behandlung solch pathologischer Fälle ging es auch darum, dass die übrigen Insassen nicht durch diese Gefangenen gefährdet wurden. Ein zentrales Thema war die Medikamentenabgabe, sie bestimmte den Tagesablauf: morgens, mittags, abends. Man wirft den Gefangenen die Pillen nicht einfach vor die Füße, und es bedeutete jedes Mal eine soziale Kontaktaufnahme, die allerdings stets unter Zeitdruck stattfinden musste. Manche Insassen sammelten die Pillen, um alle auf einmal nehmen zu können, andere nahmen sie gar nicht ein. Es war die einzige Autonomie, die sie noch hatten, und wir standen den damit verbundenen Gefahren machtlos gegenüber.

Im Bereich der Selbstverletzungen sah ich viel. Am extremsten waren manche Georgier oder Russen, die im kriminellen Umfeld unterwegs waren. Die Strukturen bei der russischen Mafia sind brutal, dementsprechend war auch das Verhalten dieser Männer sich selbst gegenüber. Während sich Angehörige anderer Nationen oberflächliche Wunden zufügten, gab es bei ihnen manchmal ein richtiggehendes Gemetzel. Viel Beachtung schenkten wir diesen Patienten nicht, das wäre für die anderen eine Ermunterung gewesen, es ihnen gleichzutun. Ich reinigte ihre Wunden und verarztete die Verletzungen mit großen Pflastern, da eine Stoffbinde, zweckentfremdet, eine Gefahr für den Betreffenden oder für andere bedeuten konnte. Danach wurden sie zur Suizidabklärung in die Bewachungsstation geschickt.

Gewalt unter den Insassen erlebte ich als verstecktes Thema. Übergriffe wurden aus Angst vor den Konsequenzen, die dies in der Gruppe provozieren könnte, eher nicht gemeldet. Klagte einer über blutige Hämorrhoiden, sprach ich das Thema vorsichtig an und fragte, ob er sexuell missbraucht werde. In manchen Kulturen ist das die größte vorstellbare Schande. Ich machte den Männern klar, dass sie offen reden müssten, ansonsten es auch keine Rettung gebe. Die Sexualität ist in den Untersuchungsgefängnissen ein Tabuthema, was meiner Meinung nach falsch und aus medizinischer Sicht auch gefährlich ist. Wir sorgten wenigstens dafür, dass jederzeit der Zugang zu Kondomen gewährleistet war.

Der Job im RGB gab mir viel und war auch eine Lebensschule, das kann man so sagen. Manche Verbrechen hatten mich schon als Jugendliche interessiert, die forensische Psychiatrie faszinierte mich bis heute. In den 1980er-Jahren befasste ich mich zum ersten Mal mit den Bedingungen von Vollzug und Untersuchungshaft. In politisch progressiven Kreisen war man gegenüber den Haftbedingungen in der Schweiz sehr kritisch eingestellt, und Menschenrechtsverletzungen waren ebenfalls ein Thema. Südamerikanische Frauen, die als Drogenkuriere agierten und in großer Anzahl in Hindelbank einsaßen, sorgten damals für Gesprächsstoff. Über eine Hilfsorganisation geriet ich mit einer dieser Frauen in Kontakt und begleitete sie durch ihre Haftzeit hindurch. Ich war jung und ein wenig idealistisch. Im Verlauf von vielen Berufsjahren mit Kontakten zu Hunderten von Häftlingen kamen natürlich neue Erkenntnisse dazu: Die Straffälligen müssen Verantwortung für ihre Delikte übernehmen, man muss sie nicht als bedauernswerte Opfer sehen, die einer repressiven Staatsmacht ausgeliefert sind. Die Weichen in die Zukunft werden allerdings oft in den ersten Monaten der Gefangenschaft gestellt, oder zumindest werden in der Untersuchungshaft Voraussetzungen geschaffen, die die Zukunft negativ beeinflussen können. Manche Männer kehrten immer wieder zurück. Man begrüßte sich beinahe wie alte Kollegen, wenn man sich wieder sah, gleichzeitig konnte man dabei zusehen, wie sie immer chancenloser wurden.

In der Öffentlichkeit spricht man eher über die Gewalt- und Sexualverbrecher. Dass aber auch Tausende von notorischen Kleinkriminellen die Staatskassen belasten, ist weniger ein Thema. Wie auch immer: Vor einem Jahr wurde mir eine andere Stelle angeboten. Es handelt sich um eine Projektarbeit im Rahmen der forensischen Psychiatrie, die mich sehr interessiert. Ich arbeite weiterhin mit Gefangenen zusammen, die Präsenzzeiten sind nun aber kürzer, und der Betrieb ist geregelter und ruhiger.

Hilfiger und Nike

Das »Bienenhaus« – wie das Regionalgefängnis Bern in meiner Anfangszeit genannt wurde – entwickelte sich zu einem »Pulverfass« mit immer kürzer werdender Zündschnur. Verschiedene Faktoren trugen dazu bei: Zum einen verdoppelte sich die Zahl der Ausschaffungshäftlinge innert weniger Jahre gesamtschweizerisch, was auch in anderen Gefängnissen zu prekären Platzverhältnissen in den entsprechenden Abteilungen führte. Und obwohl die Schweizer Bevölkerung auf rund acht Millionen Bewohner anwuchs, die Anzahl Menschen mit krimineller Energie jedoch nur in manchen Deliktbereichen kleiner wurde und in den vergangenen zehn Jahren eine große Anzahl von Insassen mit Migrationshintergrund dazukam, hatte man es verpasst, genügend zusätzliche Gefängnisse und Vollzugsanstalten zu bauen. Die neu geschaffenen Möglichkeiten des Sondervollzugs – Strafen in Halbgefangenschaft, gemeinnützige Arbeit, Geldbußen, aber auch der elektronisch überwachte Strafvollzug – änderten nichts am Missstand, dass die Vollzugsanstalten überfüllt blieben, wie auch die offiziellen Zahlen belegen: Im Jahr 2009 beherbergten die Anstalten in der Schweiz gemäß Strafvollzugsstatistik am Stichtag 6048 Gefangene. Davon waren ein Drittel nicht verurteilt, das heißt, 1888 Personen befanden sich in Untersuchungshaft und 411 Personen in Ausschaffungs- oder Auslieferungshaft. Dieser Trend verstärkte sich in den folgenden Jahren. 2013 belief sich die Belegungsrate von rund 7000 Haftplätzen auf über hundert Prozent, und am Stichtag befanden sich nun rund 2104 Menschen in der Untersuchungshaft und 375 Personen in Ausschaffungshaft.

Erst jetzt sprach man von der dringend notwendigen Schaffung von rund tausend neuen Vollzugsplätzen. An Ideen mangelte es nicht: Gefängnisse für Hunderte von Millionen Franken sollten neu gebaut und andere Anstalten entsprechend ausgebaut werden. In diesem Zusammenhang lancierte Economiesuisse, der Dachverband der Schweizer Wirtschaft, eine verwegene Idee: Unter der Voraussetzung, dass die Sicherheit und die Qualität gewährleistet blieben, sollten Strafanstalten neu von Privaten gebaut und betrieben werden können. Pensionskassen, Sicherheitsfirmen und Politiker zeigten sich sofort interessiert. Ich teile jedoch die Meinung der Schweizer Justizbehörden, wonach eine Privatisierung nicht erwünscht und gesetzlich auch nicht möglich ist, oder wie es Thomas Freytag, Präsident des Vereins Freiheitsentzug Schweiz (FES), formuliert: »Der Freiheitsentzug ist der stärkste Eingriff, der gegen eine Person verhängt werden kann. Aus diesem Grund darf er nicht nur ausschließlich durch den Staat ausgesprochen, sondern muss auch von diesem kontrolliert werden« (siehe Interview im Anhang, Seite 191). Andere Lösungsansätze wie die Überweisung von Schweizer Häftlingen in ausländische Gefängnisse, aber auch die Rückführung ausländischer Insassen in ihre Heimat scheiterten an ethischen Überlegungen und den gesetzlichen Grundlagen. Das nun als dringlich erkannte Problem ließ sich auf die Schnelle nicht lösen und dauerte auch nach meiner Pensionierung im Jahr 2014 an. Die

Schätzung der Experten, wonach für tausend neu zu schaffende Haftplätze auch Hunderte von neuen Arbeitsstellen geschaffen werden müssten, deutet an, wer die Konsequenzen einer schwierigen Situation zu tragen hätte, die zu lange ignoriert worden ist: die überlasteten Angestellten und die zum Teil unterversorgten Insassen.

Auch die übrigen Schweizer Gefängnisse platzten aus allen Nähten, ohne dass das Personal aufgestockt worden wäre, aber in keiner anderen Institution existierten mehr Insassen pro Aufseher als im Regionalgefängnis Bern. Zuständig für jeweils dreißig Männer, umfasste der Aufgabenbereich eines Betreuers oder einer Betreuerin die Verteilung aller Mahlzeiten, das Ein- und Ausschließen der Insassen, die Begleitung an die frische Luft und zu den Duschen, die Abgabe von Kleidern, ebenso wie die Überwachung der Reinigung der Zellen und Etagen. Durften die Insassen ein- bis zweimal pro Woche Besuch empfangen, musste dieser durch die Staatsanwaltschaft bewilligt und durch das Aufsichtspersonal überwacht werden. Bei über hundertdreißig Insassen, knapp zehn Besucherkabinen sowie vier Plätzen für den offenen Besuch erforderte die Aufrechterhaltung sozialer Kontakte eine logistische Meisterleistung. Vielen Insassen ersetzte die Beziehung zu Menschen in Freiheit die Medikamente. Nicht ohne Hintergedanken setzten wir also alles daran, dass Kontakte nach draußen aufrechterhalten werden konnten, denn unsere Arbeitsbedingungen wurden durch eine zusätzliche Problematik verschärft: Immer öfter litten die Insassen bereits bei ihrem Eintritt ins RGB unter psychischen Auffälligkeiten, die eine Anpassung an die veränderten Umstände, denen sie sich gegenübersahen, zu einem schwierigen, wenn nicht unmöglichen Unterfangen machte.

In einer entsprechenden Studie wurde auch die Gruppe der Ausschaffungshäftlinge untersucht, die noch öfter als die übrigen Insassen von Depressionen, bipolaren Störungen und Angstzuständen betroffen sind. Den ersten Schock, auch einen Drogenentzug und Sprachbarrieren überwanden alle Insassen weitgehend ohne Hilfe in unserer Obhut. Die oft monatelang dauernde Isolation in der Gefangenschaft führte dazu, dass sich auch Männer ohne bisherige entsprechende Krankheitsbilder zu notorischen Querulanten und Problemfällen entwickelten. Welche Kräfte manche Häftlinge ohne Werkzeuge an den Tag zu legen vermochten, um ihrer grenzenlosen Wut Ausdruck zu verleihen, wurde klar, wenn man ihre Zellen betrat: geflutete Fußböden, mit Exkrementen verschmutzte Wände, zertrümmerte Toilettenschüsseln und Lavabos, zerstörtes Mobiliar und zerrissene Bettwäsche. Zu Beginn meiner Amtszeit kam es vor allem bei den Ausschaffungshäftlingen täglich zu verbalen und physischen Attacken gegen meine Leute, aber auch zu teilweise extremen Selbstverletzungen. Diese ließen sich durch die verstärkten Kontrollen eindämmen, aber nicht komplett verhindern. Verschluckte Batterien und abgebrochene Spitzen von Rasierklingen oder Selbststrangulierungen versetzten auch denjenigen einen Schock, die die Verletzten bergen mussten, was unter den übrigen Zellengenossen tumultartige Reaktionen auslösen konnte und das Risiko einer Revolte erhöhte.

Am Anfang war ich ratlos, fühlte angesichts meines Unvermögens, dem schrecklichen Tun Einhalt zu gebieten, Schuld. Eines Tages beobachtete ich einen verletzten Patienten, der zuvor wie am Spieß geschrien hatte und anschließend in eine tiefe Ohnmacht gefallen war: Seelenruhig eine Zigarette rauchend, wartete er nun am Fenster auf den sofort angeforderten Krankenwagen, der mit Blaulicht und Sirenengeheul in den Hof einfuhr. Dieser und andere ähnliche Vorfälle trugen allerdings auch zur Meinung bei, dass es sich bei vielen Selbstverletzungen weder um das Resultat von psychischen Problemen noch um den Ausdruck einer bodenlosen Verzweiflung handelte, sondern um den Versuch einer gezielten Manipulation. Man fügte sich Schaden zu, um zu erreichen, was man zuvor vergeblich gefordert hatte: Dies konnte die Änderung eines Rückschaffungsziels, die Dauer einer ausgesprochenen Haftstrafe ebenso wie die Revision bereits gemachter Entscheide betreffen.

Fast immer wurden die Selbstverletzungen verbal angedroht, ein Verhalten, das ich nun durchschaute, nicht mehr fürchtete, und ruhig machte ich den Männern meinen Standpunkt klar. Die meisten waren ganz einfach sprachlos, wenn ich ihnen Auge in Auge erklärte, dass ich sie nicht von ihren destruktiven Aktionen abhalten könne, dieses Verhalten jedoch keineswegs die gewünschte Wirkung, möglicherweise sogar das Gegenteil hervorrufen werde. Jene, die sich unbeeindruckt zeigten und sich wiederholt und manchmal heftig verletzten, ließ ich künftig über den medizinischen Dienst in die Sicherheitsabteilung des Inselspitals verlegen, denn dort wurden sie nicht nur medizinisch versorgt, sondern auch pro forma psychologisch begutachtet. Andere, die meine Anwesenheit gezielt arrangierten, damit ich Zeugin der Selbstzerstörung würde, provozierten meine Wut. So auch ein ausländischer Insasse, der nach langem Lamentieren blitzschnell eine kleine Tüte zückte und sich den gesamten Inhalt in den Mund schüttete. Ich wusste sofort: Es kann sich nur um Seifenpulver handeln. Seinen Sprung zum Wasserhahn konnten wir im letzten Moment verhindern, was ihn allerdings in noch größere Rage versetzte. Nachdem der Tobende danach die dortigen Armaturen demolierte, blieb mir nichts anderes übrig, als ihn durch zwei Sicherheitsleute in die Arrestzelle verlegen zu lassen.

Jene, die nichts hatten und aus Ländern stammten, in denen die Armut groß, ein allgemeines Gesundheitssystem inexistent und die Versorgung der Bevölkerung mit Nahrungsmitteln keine Selbstverständlichkeit ist, legten in der Untersuchungs- oder der Ausschaffungshaft bisweilen ein unbescheidenes Verhalten an den Tag. Dass im Schweizer Gefängnis schadhafte Zähne gezogen und nicht in aufwendigen Behandlungen mit Goldplomben saniert werden, empfanden sie als Verletzung ihrer Menschenrechte. Dass sie keine Menüwünsche anbringen konnten, ebenfalls. Auf die Ablehnung von verwegenen Forderungen, die ich nicht erfüllen konnte, aber auch nicht wollte, reagierten sie trotzig: »Sie müssen! Ich habe das Recht! Fragen Sie die Fürsorge!« Was man nicht verschweigen muss: Ob Schweizer oder Ausländer, ein Großteil der Insassen lebte bereits vor der Inhaftierung von der Sozialhilfe, und dass es diese Männer nicht schafften, ein geregeltes und finanziell eigenständiges Leben auf die Beine zu stellen, hatte nur in den seltereren Fällen mit jenen Behinderungen zu tun, die ihnen andere auferlegten, wie sie meist behaupteten. Die Abgabe von Kleidungsstücken, die weder zerrissen noch schmutzig waren und durch Private oder Hilfsorganisationen abgegeben wurden, schien mir hingegen wichtig für das Selbstwertgefühl der Insassen, die manchmal nur besaßen, was sie beim Eintritt ins Gefängnis am Körper trugen. Zu den Verhandlungen erschienen nun nicht mehr nur jene sauber gekleidet und rasiert, die über Geld verfügten und von ihren Angehörigen unterstützt wurden, sondern auch all jene, die keinen einzigen Franken hatten und oft völlig vereinsamt ohne Bezugspersonen in der Freiheit auskommen mussten.

Nicht gerechnet hatte ich mit den Stylingwünschen einiger Männer: Anstelle von markenlosen Turnschuhen und ebensolcher Unterwäsche wünschte man Fabrikate der Marken Tommy Hilfiger und Nike. Diese Unverschämtheit amüsierte mich, aber auch aggressiven Reaktionen, die fast immer auf die Nichterfüllung von Spezialwünschen folgten, begegnete ich längst mit einer antrainierten Gleichgültigkeit und klaren Worten, die auch jenen, die mit Hungerstreik drohten, den Wind aus den Segeln nahmen. Ruhig informierte ich sie über das weitere Vorgehen: Die Entscheidung, zu hungern und sich gesundheitlichen Schaden zuzufügen, könne ich nicht verhindern, das Essen werde aber weiterhin verteilt. Die meisten gaben auf, sobald der Magen laut genug knurrte und die warmen Mahlzeiten jeden Tag in Reichweite für eine zusätzliche Verlockung sorgten.

Unser medizinischer Dienst umfasste vier Angestellte, die sich dreieinhalb Vollzeitstellen teilten. Ein Arzt und ein Psychiater waren an zwei bis drei Nachmittagen anwesend, mussten im Fall von gravierenden Problemen aber meist erst extern angefordert werden. Jene Insassen, die in der Untersuchungshaft schwerwiegende psychische Beschwerden entwickelten, steckten ebenso wie jene, die noch nie in ihrem Leben einen Arzt aufgesucht hatten, meist in komplexen gesundheitlichen Schwierigkeiten. Aber auch bei diesen Patienten musste das medizinische Personal eine Triage vornehmen, und nur die dringendsten Fälle konnten dem Arzt oder dem Psychiater vorgeführt werden. Im Fall von ansteckenden Infektionskrankheiten, unter denen einzelne Häftlinge manchmal litten, mussten wir improvisieren. Wir organisierten die Trennung von den übrigen Insassen oder auch Insassinnen, indem wir die Patienten am Ende der Etage in einer Einzelzelle unterbrachten und einen handschriftlichen Vermerk an der Zellentür anbrachten.

Die Pflegefachfrauen standen unter enormen Zeitdruck, was dazu führte, dass sich viele Insassen ungenügend versorgt fühlten. Die menschlichen und medizinischen Möglichkeiten blieben mangels entsprechender Budgets beschränkt, umso großzügiger wurden die Insassen mit Medikamenten versorgt. Manche waren bereits bei ihrem Eintritt ins RGB von diversen Präparaten und Drogen abhängig, führten bei uns einen Entzug durch und wurden anschließend substituiert. Eine der Hauptaufgaben unserer Pflegefachfrauen betraf zwangsläufig die tagtägliche Verteilung von Pillen und Pülverchen, die der Behandlung von Ängsten, Schmerzen sowie der Schlaflosigkeit dienten und ohne die viele Gefangene bald nicht mehr existieren konnten. Diese Art der Symptombekämpfung ist auch in anderen Haftanstalten üblich und führt dazu, dass viele beim Eintritt in den Vollzug oder wenn sie nach der Ausschaffungshaft in Freiheit gelangen, unter einer Medikamentenabhängigkeit leiden, die der Resozialisierung abträglich ist.

Vielen psychosomatischen Beschwerden, die leicht in eine Suchtproblematik führen konnten, lag ganz einfach die Einsamkeit zugrunde. Hatten die Gefangenen ihre sozialen Kontakte nicht längst verloren, war das Risiko groß, dass Liebesbeziehungen, Freundschaften im Verlauf der Untersuchungshaft Schaden nahmen oder zerbrachen, aber auch

Familienbande rissen, da nur sehr eingeschränkte Möglichkeiten existierten, um diese ohnehin auf eine harte Probe gestellten Beziehungen zu unterhalten. Als ich mich ganz am Anfang erkundigte, ob im RGB – ähnlich wie in manchen Vollzugsanstalten – ein Partnerzimmer für spezielle Gelegenheiten zur Verfügung stehe, erntete ich schallendes Gelächter und die ironische Frage, ob ich nicht auch Freigänge und begleitete Urlaube bewilligen wolle. Einerseits sind die meisten Gefangenen in laufende Verfahren eingebunden, und ein Informationsaustausch mit Außenstehenden könnte unerwünschte Konsequenzen haben, andererseits blieb der Körperkontakt mit Angehörigen während der Besuchszeit strikte untersagt, damit keine Handys, Waffen und Drogen eingeschmuggelt werden konnten. Unterdessen wusste man allerdings auch, dass soziale Kontakte zu den wichtigsten Faktoren gehören, damit das spätere Leben in Freiheit gelingen kann und umgekehrt jene, die auf sich allein gestellt sind, weniger Sinn darin sehen, nicht rückfällig zu werden.

Die Besuche im Gefängnis fanden jeweils hinter hohen Absperrungen aus Glas statt. In Anwesenheit einer Aufsichtsperson blieb jedes Gespräch beinahe zwangsläufig an der Oberfläche und der physische Kontakt über Monate hinweg untersagt. Dass ein Gefangener seine Freundin am Schluss des Gesprächs kurz in den Arm nehmen darf, wäre ein Verstoß gegen die existierenden Richtlinien, beschieden mir die Traditionalisten aus dem Betreuungsteam. Mir erschien das Risiko in diesem und anderen Fällen tragbar beziehungsweise hielt ich alles andere für einen Verstoß gegen den gesunden Menschenverstand. Der Vereinsamung der Insassen und dem unbändigen Medikamentenkonsum versuchte ich ohne Partnerzimmer und Freigänge entgegenzuwirken: Ich lockerte die Bedingungen des Besuchsrechts, und unter meiner persönlichen Aufsicht ließ ich manchmal eine kurze Umarmung oder einen Kuss zu. Ansonsten wäre es auch dem jungen Vater verwehrt geblieben, seine neugeborenen Zwillinge zu berühren. In anderen Fällen wichen Sohn und Tochter zurück, erkannten den Mann nicht mehr, den sie monatelang nicht hatten sehen dürfen, und wenn er den gesicherten Raum für die Verabschiedung jetzt kurz verlassen konnte, wollten sie nicht berührt werden, weinten, verhielten sich ängstlich. Ich besorgte für wenig Geld Malbücher und Schokoladenherzen, die in rotes Stanniolpapier eingewickelt waren, und händigte sie den Vätern aus. Beim nächsten Treffen überreichten sie diese kleinen Geschenke ihren Kindern und hinterließen so einen positiven Eindruck, der meist bis zum nächsten Wiedersehen andauerte.

**Regionalgefängnis
Bern**

Genfergasse 22
3011 Bern

**Vorführungszettel
Billet de comparution**

Name / Nom ▮

Vorname / Prénom ▮

Zellennummer / Cellule no   402

Vorführung gewünscht bei / Comparution désirée chez

Direktion, Frau Pfandler

Begründung / Motif

Bitte um Audienz

Danke

Datum / Date   Unterschrift / Signature

12.5.10

███ den 13.03.2011

Sehr geehrte Frau Direktorin.

Ich hoffe es geht Ihnen gut.
Zuerst einmal möchte ich mich herzlich für mein Verhalten
entschuldigen. Ich kam regelrecht in Panik ,ich hatte Angst.
Das ist nicht gut, denn Sie waren ruhig mit mir. ENTSCHULDIGUNG..
Uebrigens, Sie haben sehr nette Untertanen.
Ich hatte ein schlechtes Gefühl dabei, man sollte auf
Gefühle hören. Es ist schlecht, was ich gemacht habe.
Es ist mir ein Anliegen,dass Sie wissen, dass Herr ███ und
seine Mama nichts von meinem Vorhaben wussten.
Darum verstehe ich nicht ganz., dass Sie Herr ███ strafen,
indem er keine Gaben bekommt. Er hat keine Schuld.
Ich habe nie vorher Drogen hereingebracht, das war das Erste
und letzte mal, Das verspreche ich Ihnen.
Sorry ,mache Fehler, das Korrekturband ist leider im
Eimer. Vor allem haben mir Ihre Polizisten vertraut und es tut
mir sehr weh und leid, dass ich Sie enttäucht habe.
Ich lasse Sie grüssen und nun wünsche ich Ihnen eine
schöne Zeit. Tragen Sie Sorge zu sich.

Freundliche Grüsse

███

Guten Tag Frau Pfander.
Schade waren sie an meinem letzten Tag hier in Bern nicht anwesend. Ich möchte ihnen für ihre Hilfe und Freundlichkeit danken.
Ich gehe heute, dem 25/5/2011, nach Thorberg. Ich weiss noch nicht was weiter geht, aber ich hoffe es wird gut.
Wenn ich in Freiheit bin, würde ich sie sehr gerne Mal zu einem Abendessen mit Kartoffeln einladen
Vielen Dank und alles gute.
mfG

~~Haft~~bedingungen 1998

Bett Bettanzug Normale Bettücher mit stark verschmutzen Wolldecken / Militär-Wolldecken

Essenszeiten
Morgenessen 5³⁰ / Brot / Butter und 4 mal in der Woche Kaks und 3 mal schlechten Kaffee

Mittagessen
10³⁰ / Mittagessen meistens ungeniessbar

Abendessen
16³⁰ Abendessen meistens ungeniessbar.

und ach wenn 4H fertig ganzen Tag eingesperrt.

Beurteilung von ▇▇▇▇
In meiner Strafzeit sind Sie Frau Pfander, die erste Weibliche Chefin. Aber Sie sind in meinen Augen, die Kompetenteste Chefin und vorallen die coolste Chefin, die es für so einen Job gibt. Weiter so, Frau Pfander.

~~Haft~~bedingungen 2011

jetzt Nordisch Schlafen

Essenszeiten
Morgenessen / Kaffee Butter und frisches Brot

Mittagessen
11³⁰ und immer sehr gut, abwechslungsreich.

Abendessen
17³⁰ immer gut abwechslungsreich.

Neu
Wochenende
8⁴⁵ Brunch viel auswahl immer gut.

Abendessen
16³⁰ immer gut ausgespiesen

Neu Heute
Kurzstrafen und bei mir Öffnungszeiten Zellentüre
Unter der Woche / Wochenende
7¹⁵ – 10⁴⁵ / Zellen offen
und / 9⁴⁵ – 15³⁰
18³⁰ – 20⁰⁰
Und das Amtshaus hat z freiheit Heute eine sehr korrekt und sehr anständi Chefin „Frau Pfander."

Regionalgefängnis Bern

Genfergasse 22
3011 Bern

**Vorführungszettel
Billet de comparution**

Express

Name / Nom

Vorname / Prénom

Zellennummer / Cellule no 408

Vorführung gewünscht bei / Comparution désirée chez

La Direction

Begründung / Motif

Bravo!!!
Bravo!!!
Bravo!!!

Datum / Date

02 août 2007

Unterschrift / Signature

Bern 15.12.2003

D'Frou Direktorin

D'Frou Pfander d'Chefin vam Knascht
treit mängisch ou ä schwäri Lascht.

Ig tue sie bewundere,
das tuet sie sicher verwundere.

Sie chunnt mängisch id Chuchi dra schnousä
i irer churzä pousä.

Ä Hardöpfu hät sie gärn,
das gits no öpe im Knascht vo Bärn.

Ire hani z'verdanke das ig irgendwie cha schafe,
nid so wie die anger Herre Direktore die schlafe.

Sie mit irem guete Härz,
nimt mir mängisch dä Knascht schmärz.

Sie isch ou mängisch luschtig,
wie isch's haltt öpe fruschtig.

Weis gar nid was iri Chefe hei,
dene pissi de öpe az Bei.

Ig wünsche ire ä schöni Wienacht
i mine wisse Chendl Tracht.

    Schöni Wienachte und Gottes Säge
    uf au öine Wäge!

Regionalgefängnis Bern

Genfergasse 22
3011 Bern

**Vorführungszettel
Billet de comparution**

Name / Nom

Vorname / Prénom

Zellennummer / Cellule no   205

Vorführung gewünscht bei / Comparution désirée chez

DiRiCtRiCE

Begründung / Motif

ich vil schprichen mit D.

Datum / Date

26/04/2016

10.12.2008

Liebe Frau Pfander

        Die Hoffnungslosigkeit ist
die vorweggenommene Niederlage.

Danke, dass Sie mit kleinen Festen und mit Ihrer menschlichen von Herzenswärme geprägten Art es verstehen, in der trostlosesten Situation kleine Lichtblicke zu geben. Danke, dass Sie Ihre Mitarbeiter auch zu einem solchen Verhalten animieren. Ich weiss, dass diese Aufgabe viel Disziplin erfordert und dass diese Tätigkeit sehr umfangreich und anspruchsvoll ist. Ihnen und Ihren Mitarbeitern gebührt mein grösster Respekt. Gerade Menschen wie Sie sind es, die das Leben lebenswert machen. Einen solchen Menschen kennenlernen zu dürfen ist – trotz des Umstände – eine Bereicherung und gibt viel Kraft. Schade, dass nicht mehr Personen nur einen Hauch davon in sich haben. Das Leben wäre so viel einfacher.

Ich kann es Ihnen nicht versprechen, doch ich werde versuchen, eine Weihnachtsgeschichte zu schreiben.

                              Mit freundlichen Grüssen

13. Dezember 2010

▐▐▐▐▐▐▐▐▐ Frau
Regionalgefängnis Bern Pfander
Zellen-Nr. 507 Regionalgefängnis Bern
3011 Bern 3011 Bern

Sehr geehrte Frau Pfander

Herzlichen Dank für Ihre kurze, aber sehr nette Visitte bei mir im Regionalgefängnis Bern. Sie sagten, dass ich zwei Wünsche hätte. Vielen Dank.

Wunsch Nr. 1
So schnell wie nur möglich wieder in die Freiheit entlassen zu werden.

Wunsch Nr. 2
Bald möglichst wieder Arbeit finden. Eine geregelte Tagesstruktur ist sehr viel wert, und gut für den Geist. So könnten sich wieder etliche Türchen im Leben öffnen.

Mit freundlichen Grüssen

▐▐▐▐▐▐▐

Bern, 18.11.2005

Frau
h. Pfander
Direktorin
RG Bern

Viel Sonne im Herzen...

Sehr geehrte Frau Pfander,

Sie haben mir anlässlich meines heutigen Geburtstages ganz enorme Freude bereitet. Das persönliche Überbringen eines Päckleins, verbunden mit Ihrer Gratulation und den guten Wünschen wie auch die später überbrachten Orangen mit Zopf und die Bananen mit guten Wünschen haben mich sehr gefreut und tief gerührt. Sie waren für mich ein Lichtstrahl im dichten Nebel.

Ich danke Ihnen ganz herzlich für diese menschliche Anteilnahme und wünsche Ihnen eine gute Zeit.

Mit herzlichen Grüssen

20.3.06

Guten Tag Frau Pfander

An ersten stelle möchte ich mich enschuldigen für meine unanständiges verhalten bezihungsweise das klopfen an der Fenster.

An zweiter stelle möchte ich mich bedanken für das erlaubten Zellenwechsel auf drei personen Zelle.

Nun Frau Pfander da ich Sie verspreche, dass das nie wieder vorkommen wird das ich lärme mache, wäre ich sehr dankbar wenn Sie mich wieder auf die alte Zelle zurück versetzen würden. Zelle 218. Ich bitte Sie darum.

5.5.2009

Hallo Dircktoorin

Danke für ihren Besuch und die Zigi. Seit sie hier die Leitung haben, hat sich sehr viel zum guten verändert. Man merkt das sie andere Werte vertreten. Ich finde es sehr gut das jetzt auch Frauen, wie eine Frau ████ hier Arbeiten. Man bekomt das Gefühl auch ein Mensch zu sein, und nicht nur ein Häftling. Mir ist auch auf gefallen das ein ganz Lockeres und Herzliches Klima herscht. Auch das Essen ist wirklich sehr gut gemacht. Manch mal würde ich noch eine Portion vertragen. Auch der Brunch am Wochenende finde ich supper. Sie sind eine Frau mit sehr viel Herz und Verständnis, und sicher auch eine gute Ehefrau und Mutter. Ich habe sehr grossen Respekt vor ihnen. Sie machen wirklich eine supper Arbeit. Es sollte viel mehr Menschen geben wie sie. Ich bin sicher die Welt für würde anders sein.

Ich Danke ihnen von ganzem Herzen ☺

Liebe Grüsse ████ (507)

**Regionalgefängnis
Bern**

Genfergasse 22
3011 Bern

**Vorführungszettel
Billet de comparution**

Name / Nom ███████

Vorname / Prénom ███████

~~Zellennummer / Cellule~~ noch c/☺ 405th.

~~Vorführung~~ gewünscht bei / ~~Comparution~~ désirée chez

Mdm. Pfander / Merci beaucoup

Begründung / Motif

Sie „müssen" oder „dürfen" noch bleiben!
Weil Sie so nett sind!
♡-lichen Dank
Ha nume gälli Zetteli ke Rösseli

Datum / Date 15.10.2010

Unterschrift / Signature ███████

P.S. We d'Rösseli nid vo euch wäri,
würd i alli euch schänke ♡

Bern, 27. November 08

Liebe Frau Pfander

Wie versprochen verabschiede ich mich noch anständig von Ihnen. Ich möchte mich ganz herzlich bei Ihnen bedanken, für Ihre Herzlichkeit und Wärme. Seit Sie hier im RG Bern sind hat sich sehr viel zum guten geändert. Ich habe nie etwas negatives über Ihnen gehört, von niemanden. Nicht's desto trotz möchte ich nicht wieder kommen!!!
Ich wünsche Ihnen für die Zukunft das aller Beste und natürlich viel, viel Gesundheit.

Viele liebe Grüsse

Bern, 12. März 2010

Liebe Frau Pfander
Zu erst möchte ich mich bei Ihnen ganz herzlich bedanken, dass ich in die Wohngruppe in einer Einzelzelle wegen meinen Drogenentzuges verlegt wurde. Vielen Dank!
Ich fühle mich so traurig und wahr es leider ist hier im Regionalgefängnis Bern am wohlsten.
Da ich heute Geburtstag habe und 30 Jahre alt werde, möchte ich einen kleinen Wunsch an Sie wenden. Nähmlich das ich meine Haftstrafe hier in Bern bis zum Ende das auf den 29. März 2010 verbüssen könnte.
Ich hoffe sie geben meinem Schreiben eine kleine Achtung!

Viele Liebe Grüsse

Es gibt nichts dass mich mehr motiviert, mein Leben nun endgültig so zu verändern, als der Gedanke dass ich auch einmal ein so positiver Mensch wie Sie werden kann um auf diese Art und Weise, dieser Welt die so gut und geduldig mit mir war, etwas zurück geben zu können!
Frau Pfeunder sie sind für mich die Sonne dieses Hauses und Sie spenden mit Ihrer herzlichen Art den Menschen hier sehr viel Wärme und Menschlichkeit!

Sie haben mein herz
Wider geklebt. →

DANKE
YVER
Frau...

Fro Weihnacht
Joyeux Noël
Buon natale x

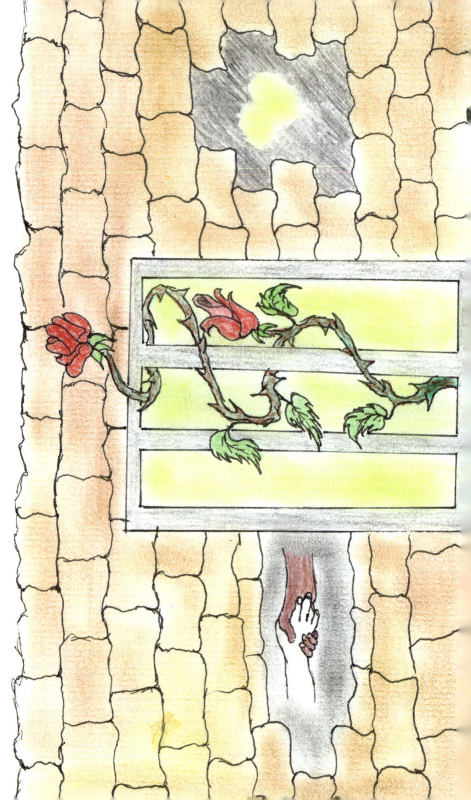

Frau Pfander

Ich und meine Tochter möchten wir bei ihnen bedanken für euhye Grosszügigkeit und Verständniss mit dem Gefangene.

Mit freundlichen Grüss

Alles gute in seine neue zukünftigen Leben yy̆

Bestes Medikament für uns Häftlinge

ist Frau Pandor. Wen sie da ist

brauchen wir keine Medikamente.

Wir schlafen super gut.

Merci Mami

Menschen sind wie Bäume!
ein Gefängnis ist ein Ort
wo viele Menschen abgesägte
wo verschiedene Menschen wie
Baumstrünke am Ort bleiben
müssen. Doch auch an so einem Ort
gibt es Menschen die Abgesägte
Baumstrünke doch wieder zum
Blühen bringen können or uch
Fr. Pfander hier ist so ein Mensch.

18.1.2010

für

das Personal des RGBern

Auszeichnung als das Kompetendeste, Menschlichste, Beste Team des ganzen Kanton Bern's, aller Gefängnisse der Region.

Bestätigt und Anerkant
von

███████████ 407
███████████████

PS:
Aber wer meint etwas zu Sein,
hat aufgegeben etwas zu Werden!

Hedy Brenner, 59, Heilsarmee-Offizierin und Sozialarbeiterin

Bei unserem Hilfsangebot gibt es keine konfessionellen Barrieren: Mir sitzen Menschen mit den verschiedensten kulturellen und religiösen Hintergründen gegenüber, das macht die Arbeit spannend und manchmal auch anstrengend, weil ich eigene Ansichten neu überdenken muss. Neid und Habgier, Mord und Totschlag werden nirgendwo auf der Welt toleriert, dennoch haben verschiedene Nationalitäten verschiedene Wertvorstellungen, und dementsprechend beurteilen sie manche Taten unterschiedlich. Es gibt Interpretationen, die mir als Frau und als Schweizerin zunächst fremd sind. Also versuche ich die Menschen über jene Werte zu erreichen, die ihnen vertraut sind und auch unserem Moralkodex entsprechen. Die Ehre ist ein solcher Begriff. Den verstehen fast alle, und für Moslems ist er zentral. Auf dieser Basis findet man unter Umständen auch den Zugang zu ethischen Fragen, aber das braucht natürlich seine Zeit. Ich arbeite seit fünf Jahren in den Regionalgefängnissen Bern und Thun und habe ein weiteres Mandat in der Strafanstalt Thorberg. Den Gefängnisdienst – also die Unterstützung von Gefangenen – gibt es bei der Heilsarmee seit bald hundert Jahren. Die Arbeit war bis vor fünfzehn Jahren auf den Vollzug limitiert. Unser Wirken in der U-Haft ist noch relativ neu, ich übernahm die Aufgabe von einer Kollegin, die in Pension ging. Anders als die Landeskirchen, arbeiten wir ohne gesetzlichen Auftrag. Theologisch sind wir weniger gut ausgebildet als die Pfarrer, die für den Job im Gefängnis noch eine Zusatzausbildung absolvieren. Streng genommen, bin ich also keine Seelsorgerin, sondern Sozialarbeiterin – und dennoch sorge ich für die Seele.

Beim Erstgespräch frage ich einfach: »Aus welchem Grund kommen Sie zu mir?« Die Antworten fallen unterschiedlich aus: »Der Zellennachbar riet mir dazu«, oder: »Weil es ein Stück Schokolade gibt.« Dass die Heilsarmee Schokolade verschenkt, gehört zwar dazu – doch meine eigentliche Aufgabe ist das Zuhören. Mein Ziel ist es, dass sich die Eingewiesenen nach dem Gespräch ein wenig besser fühlen und wir womöglich einmal gemeinsam lachen können. Es bricht das Eis, gerade auch bei jenen Männern, für die es ein wenig ungewohnt ist, dass ihnen eine Frau gegenübersitzt. Die Delikte interessieren mich nur am Rand. Würden wir von der Kirche oder der Heilsarmee uns als Moralapostel aufspielen, wären wir hier fehl am Platz. Die Uniform der Heilsarmee trage ich im Gefängnis bewusst nicht, nur ein Erkennungszeichen. Ich mache während des Gesprächs auch keine Notizen. Es sollen lockere Treffen sein, das Vertrauen kommt mit der Zeit. Während der Untersuchungshaft gibt es kein Therapieangebot für die Eingewiesenen. Bei den Gesprächen mit den Pfarrpersonen und mir können die Gefangenen authentisch sein. Sie wissen auch, dass wir unter Schweigepflicht stehen.

Fachlicher therapeutischer Beistand hat meiner Meinung nach Gutes, aber auch Negatives zur Folge. Das stelle ich bei meinem Mandat im Vollzug fest: Manche Täter eignen sich Fachwissen an, sie kennen die richtigen Ausdrücke der Psychologen und können auch ihre eigene Befindlichkeit gut beschreiben. Man kann aber nur vermuten, ob es sich um Anpassungsleistungen handelt – womöglich in der Hoffnung auf Erleichterungen – oder um eine Veränderung, die auch den Bedingungen »draußen« standhält. Meine Überzeugung ist: Die meisten Menschen wissen tief in ihrem Innern, dass sie Schuld auf sich geladen haben. Bis sie das akzeptieren, kann es allerdings dauern. Manche geben den Umständen die Schuld für die Tat oder anderen Menschen, aber besser geht es vielen erst, wenn sie die Verantwortung für ihre Taten übernehmen. Das erfordert Mut, weil sich das Selbstbild mit der Einsicht, dass man Schuld auf sich geladen hat, natürlich verändert.

»Ich habe eine Dummheit angestellt« oder »Ich habe einen Schmarren gemacht«, sagen manche Gefangenen, aber das trifft die Sache in den wenigsten Fällen, weil man Leid verursacht hat und manches vielleicht nie mehr gutmachen kann. Das muss anerkannt werden, ebenso wie die Tatsache, dass man im Gefängnis ist, weil man etwas Schlimmes getan hat, nicht weil man so blöd war, der Polizei in die Fänge zu laufen, oder weil einen der Kollege im Schilf stehen ließ. Akzeptiert man das Vergehen, kann man in seiner Entwicklung einen Schritt nach vorn machen, und das Bedürfnis nach Vergebung ist oft eine logische Konsequenz. Die Aussöhnung zwischen Opfern und Tätern kann einer erfolgreichen Eingliederung von straffällig gewordenen Personen in die Gesellschaft dienen. Die Wiedergutmachung ist auch für manche Angehörige ein wichtiger Bestandteil der Verarbeitung. Eine solche Aktion muss beiden Seiten etwas bringen; nur an die Opfer zu appellieren, ihnen die Vergebung abzuringen, wäre grundfalsch.

Solche Interventionen sind hier drin jedoch selten. Im Alltag des Gefängnisdienstes geht es mehrheitlich um unmittelbare

Unterstützung in seelischer Not. Die Einsamkeit ist ein häufiges Thema und auch die Angst um die Angehörigen, die Sorge, wie es ihnen geht und wie sie mit der Situation zurechtkommen. Manchmal werden wir auch um Hilfe gebeten für die erste Zeit in Freiheit. Die Heilsarmee hilft, wo nötig, den Entlassenen bei der Suche nach Wohnung oder Arbeit; für solche Aufgaben vermittle ich die Betroffenen an meine Kollegen der entsprechenden Beratungsstellen. Manche der Gefangenen suchen auch einfach den stummen Kontakt mit einem Menschen und sitzen wortlos mit mir zusammen. Andere freuen sich über Bücher, die ich für sie besorgen kann; es kann auch sein, dass wir verabreden, die gleiche TV-Sendung anzusehen, über die wir beim nächsten Treffen sprechen können. Manche Männer kommen nur ein einziges Mal. Ich erfahre die Gründe für ihr Wegbleiben nicht, sie sind mir keine Rechenschaft schuldig. Andere besuchen mich jahrelang regelmäßig. Ich verstehe mich nicht als Therapeutin, und es gibt auch Gespräche, die an der Oberfläche bleiben, man kommt monatelang nicht über Smalltalk hinaus. Doch plötzlich sagt einer: »Ich bin jetzt erwachsen und wünsche mir eine Bibel, um mich darin zu vertiefen.« Das freut mich natürlich: Wir missionieren nicht in unserer Arbeit, aber wenn jemand dieses Bedürfnis entdeckt, dann unterstützen wir den Menschen darin.

Wäre ich grundsätzlich gegen die Gefängnisse, könnte ich meinen Job nicht machen. Verstößt man gegen das Gesetz, droht eine Bestrafung. Das finde ich richtig so. Es gibt Kritiker, die eine Gefangenschaft als sinnlos bezeichnen. Diese Meinung teile ich nicht, weil in diesem System neben dem »Wegsperren« auch noch andere Prozesse stattfinden können. Die Gefangenen, die sich bei mir zum Gespräch melden, befassen sich oft intensiv und sozusagen aus sich selbst heraus mit der Tat. Was man sicher sagen kann: Der karge Gefängnisalltag ohne Betätigung und Ablenkung bringt die Menschen Gott näher, weil sich in der Einsamkeit existenzielle Fragen stellen, oder müsste man eher sagen, sich aufdrängen? Im besten Fall findet also ein Läuterungsprozess statt. Bei Menschen mit Suchtproblemen sehe ich es häufig: In Gefangenschaft werden sie zwangsläufig abstinent, der Gassenstress ist weg, aber auch der Rausch, die Zeit des Abschaltens. Man beginnt sich dann mit Themen auseinanderzusetzen, die jahrelang keinen Platz hatten, mit Themen, die für die Entwicklung einer Persönlichkeit jedoch wichtig sein können. Der strukturierte Tagesablauf, die Mahlzeiten, die Unterstützung durch den Gesundheitsdienst, die Regeln im Umgang untereinander tragen auch dazu bei. Es gibt auch Insassen, die im Gefängnis vielleicht zum ersten Mal ehrlich und transparent agieren müssen und dabei bemerken, dass dies sogar gut funktionieren kann. In solchen Fällen bewirkt der Alltag hier drin einen Ausstieg aus jahrelangen Verhaltensmustern und trägt möglicherweise dazu bei, dass diese Person später auch in Freiheit bestehen kann. So betrachtet, kann ein Aufenthalt hinter Gefängnismauern tatsächlich auch einen pädagogischen Zweck erfüllen.

Ob sich die Gefangenen im Verlauf der Jahre verändert haben, kann ich nicht sagen. Sicherlich sind die Rahmenbedingungen anders als früher. Ausschaffungen gibt es zum Beispiel noch nicht so lange in diesem Ausmaß, auch der Platzmangel in den Gefängnissen ist eine neuere Problematik, die dazu führt, dass die Leute in der U-Haft bleiben müssen, weil es anderswo keinen Platz für sie gibt. Diese lange Wartezeit ist für die Männer hart, wie ich in den Gesprächen immer wieder erfahre. Wie wird das Strafmaß sein, droht eine Verwahrung oder eine Wegweisung? Zur Ungewissheit und den harten Bedingungen kommt hinzu, dass die Betroffenen manchmal das Gefühl haben, es gehe lange

Zeit überhaupt nicht mehr vorwärts – und dass dies niemanden interessiert. Eine etwas individuellere Betreuung oder ein paar Sätze, die man mit den Gefangenen wechselt, können manchmal fast schon Wunder wirken. Marlise Pfander hielt an dieser Überzeugung auch in den strubsten Zeiten fest. Sie kannte die meisten Insassen persönlich, und wenn es einem von ihnen schlecht ging, holte sie ihn zu sich ins Büro und kümmerte sich um ihn. Meiner Meinung nach ist das gelebte Menschlichkeit. So war sie auf ihre Art die beste Seelsorgerin.

Kisten-Mami

Längst wusste ich, dass das Verfassen von internen Papieren über Prozessabläufe und Betrachtungen, die die Zustände ebenso wie eine schwieriger werdende Klientel analysierten, keine effizienten Lösungsansätze boten und unter dem Strich nichts brachten. Was wir innerhalb der Gefängnismauern verändern wollten, mussten wir ohne zusätzliche Finanzen und ohne Aufstockung des Personals schaffen. Nicht nur meine häufige Präsenz auf den Stockwerken gehörte längst zur täglichen Routine, sondern auch Hunderte von Einzelgesprächen, die ich im Verlauf der Jahre mit jenen führte, die den Bezug zur Normalität zu verlieren drohten. Die meisten Insassen erkannten mich längst am Klang meiner Schritte, wenn ich meine täglichen Rundgänge auf den Etagen machte. Neulinge, denen ich zum ersten Mal begegnete, hielten mich meist für eine Sozialarbeiterin oder eine Krankenschwester. Ich stellte mich kerzengerade vor die Männer hin, und natürlich veränderte sich ihr Tonfall nach dem Satz – »Ich bin die Direktorin« – sofort merklich. Meiner Funktion als Chefin – das beherrschten die männlichen Insassen besser als die wenigen weiblichen Gefangenen, die ich erlebte – zollte man sofort und automatisch Respekt, doch darauf legte ich ebenso wenig Wert wie auf eine zur

Schau gestellte Folgsamkeit, die dem anspruchsvollen Alltag selten standhielt.

Die Möglichkeit, bei offener Zellentür Kontakte zu pflegen, förderte die sozialen Kompetenzen, sorgte jedoch auch für Streitigkeiten und lautstarke Auseinandersetzungen. Ich mischte mich entgegen den Ermahnungen meiner Leute stets ein. Kam es auf den Stockwerken zu Zwischenfällen, blickte ich den Unruhestiftern direkt in die Augen und erkundigte mich nach den Gründen für die Aufregung. Ein solches Interesse war den meisten anfänglich genauso fremd wie eine weibliche Autorität, die sich ihnen furchtlos und dezidiert entgegenstellte. Dass sich die Direktorin gleichzeitig nach dem persönlichen Befinden erkundigte und die vorgebrachten Klagen ernst genommen wurden, verfehlte die Wirkung selten. Die Diskussionen unter den Gefangenen blieben oft hitzig, verliefen aber bald innerhalb jener Konditionen, die ich auch den ausländischen Männern klarzumachen wusste: kein Geschrei, keine verbalen Ausfälligkeiten und, im Idealfall, ein Mindestmaß an inhaltlicher Vernunft.

In der Ausschaffungshaft galten andere Bedingungen als in der Untersuchungs- und Sicherheitshaft. Die Asylsuchenden konnten sich in den Wohngruppen selbstverständlich während mehrerer Stunden täglich frei bewegen, kamen in den Genuss von längeren Besuchszeiten, durften telefonieren und Briefe schreiben, und trotzdem mussten sie sich einem reglementierten Alltag unterordnen, der ihnen den Gang in die Außenwelt verbot. Die wenigsten sahen ein, aus welchen Gründen sie eingesperrt wurden, und meine Erklärung, wonach sie verschiedene Entscheidungen des Schweizer Staats in den Wind geschlagen hätten und sie aus diesem Grund hinter Schloss und Riegel säßen, besänftigte die wenigsten.

Die Administrativhaft von nicht straffälligen Ausländerinnen und Ausländern wirft Grundsatzfragen auf. Menschenrechtsorganisationen bezeichnen die Haftbedingungen als nicht angemessen und fordern zusätzliche Lockerungen sowie adäquate Beschäftigungsmöglichkeiten für den Großteil jener, die in den Regionalgefängnissen untergebracht sind. Die Umsetzung solcher Verbesserungen, die ich bei nicht kriminellen Ausschaffungshäftlingen durchaus für angebracht halte, scheiterte in unserem Fall an den internen Strukturen des Gefängnisbetriebs, und verständlicherweise zeigten sich jene frustriert, die sich im gesetzlichen Sinn nicht strafbar gemacht hatten und dennoch zur Untätigkeit gezwungen waren und eingesperrt blieben.

Auch in diesem Bereich lernte ich innerhalb von vielen Jahren dazu, und tausend Anliegen, die mir lange Zeit als komplett rätselhaft, ärgerlich, unverschämt und sinnlos erschienen waren, erhielten eine neue Bedeutung. Ich realisierte, dass das ständige Fordern, Motzen und Reklamieren der Ausschaffungshäftlinge einen letzten Rest an Menschenwürde verkörperte: die Freiheit, den eigenen Willen immer und immer wieder zu manifestieren. Dass ich eine verlässliche Gesprächspartnerin und unermüdliche Zuhörerin war, hatte sich im Mikrokosmos des Gefängnisses in allen Etagen und Zellen herumgesprochen. Nicht nur meine Aktionen, auch mein Alter und mein optisches Erscheinungsbild trugen dazu bei, dass sich viele Männer nicht nur an ihre Kindheit und die damit verbundenen Erziehungsprinzipien erinnerten, sondern auch an ihre eigenen Mütter, die sie oft verehrten und vermissten.

Der »Engel Pfander«, die »Kisten-Mutti« oder schlicht »Mama«, wie mich viele Insassen nun nannten, beschwor in den Gesprächen weitere Details einer Sehnsucht herauf, die von den meisten ausländischen Insassen verdrängt worden war: die Heimat, ihre Familien, kulinarische Lieblingsgerichte, klimatische Bedingungen. Manche kamen zur Vernunft, ließen sich zu einer Rückkehr bewegen, und andere, denen kriminelle Taten zur Last gelegt wurden, übernahmen die Verantwortung, akzeptierten die Strafe für Vergehen, die sie bisher vehement bestritten hatten. Jene, die sich auf eine Zukunft konzentrierten, in der ein Sohn die vermisste Mutter irgendwann erneut in die Arme schließen würde, bescherten mir ein schönes Erfolgserlebnis. Doch als Schlüssel für den friedlicher werdenden Umgang mit jenen, die in ihrer Unberechenbarkeit bisher so viele Rätsel geborgen hatten, erwies sich ein pathetischer Begriff mit beinahe zauberhafter Kraft: Respekt. Wie er im Alltag funktioniert, wurde von allen Nationalitäten und Kulturen verstanden. Die eigene Verachtung sich selbst und der würdelosen Situation gegenüber provozierte bei vielen wilden Hass, der sich gegen die Polizei, die Anwälte, die Richter, die Angestellten der Gefängnisse und alle in Freiheit lebenden Menschen richtete, die die Betroffenen – so redeten sie sich zumindest ein – zu Unrecht drangsalierten. Die Haft als gigantische Kränkung des Egos, das sah ich vor allem bei den ausländischen Gefangenen, provozierte vielfältige Feindbilder, und der mangelnde Respekt, den sie während ihres unaufhaltbaren Abstiegs zu erfahren glaubten, sorgte für abenteuerliche Versuche, die verlorene Ehre wiederherzustellen. Diese Aktionen erwiesen sich in den meisten Fällen zum Nachteil aller Involvierten, denn sie führten zu Sanktionen, was oft weitere Gewaltausbrüche nach sich zog.

Diesen Teufelskreis konnte auch ich nicht immer durchbrechen, doch bei vielen zeigte eine einfache Strategie, die offenbar einem multikulturellen Kodex entsprach, eine mediative Wirkung. Zuhören, egal, wie abstrus die Anliegen erscheinen mögen, wurde als Respektsbezeugung interpretiert, die durch ein ebensolches Verhalten beantwortet wurde. In der Zwischenzeit wussten die meisten, dass meine bei dieser Gelegenheit vorgebrachten Ratschläge in ihrem Sinn waren, und ich verheimlichte ihnen auch nicht, dass die durch das Gefängnis vorgenommene schriftliche Beurteilung ihres Verhaltens das weitere Vorgehen positiv oder negativ beeinflussen konnte.

Während der siebzehn Jahre, in deren Verlauf ich zur Chefin der Dienststelle Anhörungen beim Migrationsdienst ernannt worden war, erhielt ich umfassend Einblick in die Möglichkeiten und Konsequenzen des Schweizer Asylwesens. Was ich auch in meiner Rolle als Leiterin des RG Bern stets sagen konnte: Die Abklärungen, ob eine Gefährdung im Herkunftsland vorliegt, werden mit der nötigen Seriosität vorgenommen, und viele Menschen erhalten jedes Jahr einen positiven Entscheid, was auch dazu führt, dass nur in Luxemburg mehr Migranten leben als in der Schweiz. Die Debatten rund um das Asylwesen werden auch heute hitzig geführt. Meiner Meinung nach fehlt es bisweilen an einem gewissen Verständnis für die Komplexität der Vorgänge. Was ich mit Sicherheit und gutem Gewissen ebenfalls sagen kann: Bevor die gefürchtete und umstrittene Ausschaffungshaft angeordnet wird, haben die Betroffenen mehrere Gelegenheiten, ihrem Leben eine neue Ausrichtung zu geben, willentlich verstreichen lassen.

Um diese Behauptung nachvollziehbar zu machen, muss ich ein wenig ausholen: Entscheidet sich ein Mensch, in der Schweiz Asyl zu beantragen, gelangt er kurz nach dem Grenzübertritt in ein entsprechendes Empfangszentrum. Dort wird ein Kurzprotokoll erstellt, anschließend werden die Asylsuchenden prozentual zur Bevölkerung den Kantonen zugewiesen und verbringen die Zeit bis zur großen Anhörung, die heute nicht mehr durch die Kantone, sondern durch das Bundesamt für Migration durchgeführt wird, in einer Asylunterkunft. Fällt der Entscheid negativ aus, ist dies mit einer sogenannten Wegweisung verbunden, die dem Betreffenden verschiedene Optionen offenhält: Entweder er legt beim Bundesverwaltungsgericht Beschwerde ein, was unter Umständen einen zeitlichen Aufschub der Entscheidung bedeutet, oder aber der erste negative Entscheid wird akzeptiert, und der Betreffende kann bei Vorliegen der entsprechenden Reisedokumente die Schweiz selbständig verlassen. Viele reisen in andere Länder weiter, auch weil sich in den vergangenen Jahren ein regelrechter Asyltourismus etabliert hat. Andere, die den negativen Entscheid und die damit verbundenen Möglichkeiten ignorieren, tauchen hier unter. Werden diese meist jungen Männer von der Polizei oder durch andere behördliche Instanzen aufgegriffen, können sie das Land – vorausgesetzt, sie stammen aus Nationen, die ein Rückübernahmeabkommen unterzeichnet haben – zu diesem Zeitpunkt noch immer in Würde verlassen. Manche schlagen auch diese Option in den Wind, willentlich und im Wissen darum, dass nun die gefürchtete Ausschaffungshaft und der sogenannte »vol spécial«, der »Sonderflug«, drohen. Jene, die aus Nationen stammen, die ein Rückübernahmeabkommen ratifiziert haben, werden in der Folge in ihre Heimat oder auch in jene Länder, welche das Dublin-Abkommen unterzeichnet haben, zurückgeschafft. Beim »Sonderflug« gibt es kein Zurück mehr: Es herrschen ruppige Bedingungen, und manche Betroffene werden, falls nötig, sogar in Hand- und Fußfesseln gelegt. Mehrere Vertreter der Polizei begleiten diesen forcierten, würdelosen und kostspieligen Vorgang, der oft im Anschluss an die Ausschaffungshaft angeordnet wird.

Das größte Problem bleiben jene, die mich auch als Gefängnisleiterin täglich auf harte Proben stellten: Männer, die aus Ländern stammen, die kein Rückübernahmeabkommen ratifiziert haben. Diese Nationen verweigern ihren Landsleuten die Rückreise in die Heimat. Diese abgewiesenen Asylbewerber werden zwar in Ausschaffungshaft gesetzt, doch den »Sonderflug« können und müssen sie nicht antreten. Die Männer glauben anfänglich, von diesem Umstand zu profitieren, in Tat und Wahrheit handelt es sich bei dieser Konstellation fast immer um den Anfang einer negativen Spirale, aus der sie nicht mehr herausfinden. Nach Monaten kommen sie auf freien Fuß, worauf die meisten automatisch in die Illegalität abtauchen. Ohne Recht auf Arbeit und ohne festen Wohnsitz gleiten viele in die Kriminalität ab, was dazu führt, dass Tausende von Männern in einen – unter Umständen – jahrzehntelang dauernden Kreislauf von Illegalität, Straffälligkeit, Vollzug und Rückkehr in die Ausschaffungshaft geraten.

Viele von ihnen saßen mir im Rahmen der Anhörungen beim damaligen Migrationsdienst als junge Männer gegenüber und begegneten mir im Regionalgefängnis Bern als gescheiterte Existenzen erneut. Verantwortung für ihre Unvernunft übernahmen sie nicht, und meine Ermahnungen, in ihr eigenes Land zurückzukehren, bevor sie der dortigen Kultur komplett entfremdet wären, stieß auch bei jenen, denen diese Lösung weiterhin offenstand, kaum auf offene Ohren. Die meisten blieben unbelehrbar und wollten auch nach vielen Erfahrungen mit einem Gastland, in dem sie mehr als unerwünscht waren, nichts von einer Rückkehr wissen. Ich begegnete in diesem Zusammenhang vielen tragischen Schicksalen. Sie beruhten – wie bereits angedeutet – auf zerstörten Illusionen, darunter auch der Hoffnung, dass ein reiches Land samt seinem großzügigen Sozialsystem ausgenutzt werden kann.

Müsste man alle Menschen aufnehmen, weil die Schweiz tatsächlich ein reiches Land ist, wie manche Kritiker monieren? Gewiss nicht. Meine Erfahrungen beim Migrationsdienst bestätigten sich auch im Gefängnisalltag. Die meisten Insassen scheiterten nicht an fremden Gegnern, sondern an sich selbst; an ihrem Mangel an Eigeninitiative und Verantwortungsgefühl, beides hatte vielen Betroffenen bereits in ihrem Heimatland zu schaffen gemacht, und in der Ferne wurden sie Opfer ihrer Traumvorstellungen und Ansprüche. Nicht von der Hand zu weisen ist jedoch auch, dass das Schweizer Asylwesen Unsummen verschlingt und die Ausschaffungshaft keine befriedigende Lösung darstellt, um der Problematik Herr zu werden. Hunderte von Millionen Franken, die pro Jahr in Asylzentren, Integrationsbemühungen und in die Administrativhaft fließen, würden effizienter in den jeweiligen Ländern investiert, so bin ich heute überzeugt. Dass eine solche Direkthilfe funktionieren kann, zeigen die Bemühungen des Schweizerischen Roten Kreuzes (SRK), das im RG Bern mit einer Rückkehrberatung gute Arbeit leistet. In diesem Rahmen ermöglichen sogenannte Mikrokredite manchen Ausschaffungshäftlingen, die als vertrauenswürdig und arbeitsam beurteilt werden, die Gründung kleiner Unternehmen, die eine nachhaltige Zukunft im eigenen Land ermöglichen können.

Silvan Y.*, 43, Raub, vorsätzliche Tötung, erwartetes Strafmaß: 10 Jahre

Ich bin ein Mensch, von dem die Nachbarn sagen würden: »Der war völlig unauffällig und höflich. Nett und ordentlich, nie schlecht gelaunt, nie laut oder frech.« Sie würden sagen: »Wir hätten nicht gedacht, dass er so etwas macht.« Für mich war es auch unvorstellbar, dass ich einmal in einer neun Quadratmeter großen Zelle auf ein Urteil warte, das mich lange Jahre hinter Gitter bringen wird. Ich bin komplett durchschnittlich. Nicht hässlicher und nicht gescheiter als der Rest der Welt, und bis auf jene halbe Stunde, als ich komplett ausrastete und die Existenz von anderen und mein eigenes Leben für immer zerstörte, war ich ein friedliches Lamm. Ich war noch nie in eine Schlägerei verwickelt, und lautstarke Auseinandersetzungen verabscheue ich. Ich kam in meinem ganzen Leben noch nie mit dem Gesetz in Konflikt, und wenn ich auf der Straße ein Fötzelchen Papier liegen sah, reagierte ich schweizerisch und hob es auf. Grundsätzlich bin ich vielleicht sogar stiller und freundlicher als die meisten anderen, und aus diesem Grund behaupte ich heute: »Was ich gemacht habe, könnte auch jedem anderen passieren.« Denkt man scharf nach, müsste man sagen: Dann gäbe es ja Millionen von Gewaltverbrechern auf dieser Welt. Also bin ich wohl doch eine negative Ausnahme.

Wenn ich mich so sprechen höre, klingt es, als hätte ich einen Unfall gehabt, als wäre mir etwas Schreckliches zugestoßen. Dabei bedrohte ich Menschen mit der Waffe, und einer kam durch meine Hand zu größtem Schaden. Das Opfer hat Angehörige: eine Mutter, eine Frau und Kinder. Er war ein Bruder, ein Freund, ein Ehemann und Vater. Mit meiner Tat brachte ich ewiges Unglück und Leid über Menschen, die ich nicht kenne und die mir nichts getan haben. Wollte ich Gott spielen, wollte ich Macht ausüben? Wollte ich mich rächen für anderes, was mir widerfahren war? Oder brannte eine Sicherung durch, weil ich einmal in meinem Leben weniger durchschnittlich sein wollte als der Rest der Welt? Ich weiß es nicht. Ich finde keine Antworten. Das macht mich fix und fertig.

Ich stamme aus Syrien. Meine Familie war nicht arm, aber auch nicht reich, ich durfte eine Ausbildung machen und bin gelernter Glasbläser. Im Beruf war ich spezialisiert, ich fertigte Schriftzüge aus Glas an, feine Röhrchen, die in Schnürchenschrift ganze Wörter und Namen ergaben. Man muss für diesen Job über eine sichere Hand, innere Ruhe sowie eine große Erfahrung verfügen. Geschieht beim letzten Buchstaben ein Unglück, zersplittert das ganze Werk, und viele Stunden Arbeit waren umsonst. Bars, Restaurants, Kinos: Wenn ich am Abend durch Damaskus spazierte, leuchteten die Straßen neonhell und verlockend. Dank mir. Aber das machte mich nicht stolz. Ich bin gläubiger Christ. Die Freizeit verbrachte ich mit einem Fernstudium. Ich half viel in der Kirche, war ein handwerklicher Allrounder, träumte jedoch davon, Religionsunterricht erteilen zu dürfen. Leider fiel ich durch die Prüfungen.

Es wurde dann unruhig in meinem Land, und ich gelangte über Umwege vor zehn Jahren in die Schweiz. Ich hatte etwas zu bieten, man schickte mich nicht zurück. Hier fühlte ich mich wohl, die Zurückhaltung und die Rechtschaffenheit der Schweizer liegen auch mir im Blut, ich lernte die Sprache, integrierte mich gut. Ich fand eine Frau, die ich liebte, eine Schweizerin. Die Frau mochte mich auch. So haben wir geheiratet. Ich sorgte fortan für uns beide, sie blieb zu Hause, obwohl wir keine Kinder bekamen. Wir hatten einander und Pipo, unseren Hund, das reichte uns vollkommen. Wir hatten nicht viel Geld, aber das spielte keine Rolle. Von Reichtum, einem tollen Auto, einem Haus, einem I-Phone oder Markenkleidung habe ich nie geträumt. Ich bin kein Materialist, sondern ein Pazifist, und wenn ich im Fernseher sehe, wie ein Baum gefällt wird, weine ich. Wir kauften uns ein kleines Boot, verbrachten die freien Tage auf dem Wasser und die Nächte an Deck unter dem Sternenhimmel. Auch im Schrebergarten waren wir oft. Der Kühlschrank war immer gefüllt mit dem Gemüse und den Früchten, um die sich meine Frau kümmerte, und meinen selbst gefangenen Forellen, Rotzungen und Barschen. Es waren glückliche Jahre. Wir lebten wie im Schlaraffenland.

Arbeitsmäßig war es in der Schweiz nicht einfach, die meisten Geschäfte hatten nun auf Digitalanzeigen umgestellt, um schnell und billig auf sich aufmerksam zu machen. Die neuen, elektronischen Anzeigen lassen sich verändern, sie blinken vielfarbig, aber sie haben nicht den Charme und die Qualität einer geschwungenen Neonschrift. Ich arbeitete ohne Vertrag für eine Werkstatt. Ich realisierte für das Kunstmuseum Bern große Arbeiten nach Vorlagen von berühmten Künstlern. Ich liebte meine Arbeit, und alles war gut. Doch dann verlor meine Frau innerhalb von zwei Monaten ihre Mutter und ihren Bruder. Das verkraftete sie seelisch nicht. Sie begann zu trinken. Bisher war sie eine ordentliche Hausfrau, so unauffällig und still wie ich. Unter dem Einfluss von Bier, Wein und Schnaps wurde sie zu einem anderen Menschen. Ich kannte diese Person nicht mehr. Dann betrog sie mich. Das war das Allerschlimmste, ich kam nicht darüber hinweg, obwohl ich es mir wünschte und das Verzeihen auch versuchte. Wir mussten uns trennen.

Ich zog in ein winziges Studio, und zum ersten Mal in meinem Leben verspürte ich Hass. Wilden und bösen Hass auf den anderen Mann, der mir alles nahm, obwohl ich meiner Frau alles gegeben hatte. Ich verlor den Boden unter den Füßen, und einmal soll ich gesagt haben, ich töte den Mann. Mit der Wut und dem Verrat wusste ich nicht umzugehen, weil ich beides bisher nicht gekannt hatte. Ich kam kurz in die Psychiatrie. Man gab mir Medikamente. Als ich wieder draußen war, verlor ich die Arbeit. Ich saß stundenlang auf meinem Bett, merkte, dass etwas Ungutes mit mir passierte, aber es fehlte mir an Energie, um die Probleme anzugehen. Fischen mochte ich nicht mehr, das Boot verkaufte ich, der Kühlschrank war jetzt meist leer. Bei der Arbeitslosenvermittlung versuchte ich, eine Beschäftigung zu finden. Ich machte alles: putzen, Hausdienst, Gartenarbeit – doch nichts war von Dauer. Ich schämte mich, ich schämte mich wahnsinnig. Weil ich ein Versager geworden war, und wenn ich auf das Amt musste, sah mich die Angestellte in einem Oberteil, das wie Fischschuppen glänzte, kritisch, aber auch mitleidig an. Also ging ich nicht mehr hin und bekam auch kein Geld mehr. Ich pumpte entfernte Kollegen an, alle Leute, die ich kannte, und alle gaben mir Geld, weil sie dachten: Der ist anständig, der ist ehrlich, der gibt uns das Geld zurück. Ich fühlte mich leer, und die Monate zogen ins Land, und der Schuldenberg wurde größer. Meine Gedanken kreisten bald nur noch um das Finanzielle. Gerade weil ich kein Materialist bin und genügsam mit wenig auskomme, empfand ich es als Ungerechtigkeit, dass einer, der immer alles richtig machen wollte, sauber und fleißig war, anständig blieb, nicht über die Stränge schlug, kein lautes Wort sprach, noch nie gestohlen, sich noch nie auf Kosten anderer bereichert hatte, nun vor dem Nichts stand. Von der Frau betrogen. Von der Gesellschaft ausgeschlossen. Ein bedauernswertes Schwein.

Niemand drängte mich, das geliehene Geld zurückzugeben, aber für mich war es eine Ehrensache, ich verband damit den letzten Funken Selbstachtung. Der Plan war denkbar einfach, und er war sehr dumm. Ich studierte den Tatort keine fünf Minuten, checkte keine Fluchtwege ab, beobachtete die Angestellten nicht. Man kann es sich wie folgt vorstellen, vielleicht war es aber auch ganz anders: Ich stürmte in das Geschäft, hörte mich schneidend sprechen und dann schreien. Ich sah die Angst und das Entsetzen in den Augen der anderen. Über die Gewalttat will ich nicht sprechen, immer wieder muss ich in meinen nächtlichen Träumen diese Minuten erleben, das ist meine Bestrafung, denn plötzlich war überall Blut, und ich rannte weg. Ich war wie ferngesteuert. Ich fühlte nichts. Keine Angst. Keine Schuld. Ich ging nach Hause, nahm starke Schlafpillen, und als ich am nächsten Morgen erwachte, stand die Polizei vor der Haustür und verhaftete mich. Der Spuk war zu Ende. Ich war erleichtert, und vielleicht glaubt man es mir nicht, aber ich hätte mich auf jeden Fall der Polizei gestellt. Menschen, die kriminell und gewalttätig sind, vielleicht sogar einen Menschen getötet haben und danach alles daransetzen, um weiterhin in Freiheit zu bleiben, ihre Taten vertuschen, nicht sühnen wollen, ein Leben führen, das andere für normal und gut halten und doch nur eine Lüge ist: Das wäre ein unvorstellbares, ein unerträgliches, ein unfreies Leben für mich.

Im Gefängnis bin ich erneut komplett durchschnittlich. Jeder Tag gleicht dem anderen. Ich trage Trainerhosen, Pantoffeln und

T-Shirt. Alle anderen kleiden sich hier ähnlich. Entscheidungen muss ich keine mehr treffen, ich erhalte zu essen, zu trinken und pro Mahlzeit zwei Zigaretten. Niemand muss Arbeit suchen, Probleme mit Frauen oder dem Geld gibt es auch keine. Zweimal pro Woche dürfen wir duschen. Einmal pro Tag dürfen wir eine Stunde an die frische Luft gehen, man kann dann Pingpong spielen oder Tischfußball. Ich gehe nicht an die frische Luft. Es ist mir zu kalt. Ich bleibe in der Zelle, schaue im Fernsehen Naturfilme, und wenn der Löwe eine Gazelle anfällt, zappe ich weg. An den Wänden habe ich Bilder von meinem Hund Pipo aufgehängt, den ich über alles liebe. Er ist bei meiner Exfrau untergebracht. Pipo ist das einzige Lebewesen, das ich vermisse und das mich vermisst. Wenn ich aus der Haft entlassen werde, ist er bestimmt schon tot, das macht mich traurig. Und doch geht es mir gut hier, auf jeden Fall besser als in den letzten Monaten in der Freiheit.

An manchen Tagen erscheint mir alles unwirklich, wie wenn ich einen Flugzeugabsturz überlebt hätte. Ich nehme viele Pillen, gegen die Schmerzen und gegen die Depressionen, manchmal spreche ich auch mit der Seelsorgerin. Den Glauben an Gott habe ich verloren. Wäre es nicht so, müsste ich Vergebung suchen. Dass man mir vergibt, kann ich nicht erwarten. Ich verzeihe mir selbst nicht. Über die wahren Beweggründe für meine schreckliche Tat weiß ich bis heute nichts. Mein nächstes Ziel ist die Verurteilung. Dann werde ich in den Vollzug verlegt und darf eine Therapie machen, bei der manche Fragen vielleicht beantwortet werden können. Bis es so weit ist, bin ich erneut so, wie ich immer war: still und unauffällig, höflich und nett.

Schokolade und Milchkaffee

Lange Zeit standen die repräsentativen Vollzugsanstalten im Fokus des öffentlichen Interesses, wobei verschiedene Umstände dazu geführt hatten, dass sich der Begriff »Kuscheljustiz« festsetzte. Die akademischen Führungskräfte, die diesen Institutionen vorstanden, sprachen öffentlich über die komplexen Gemütsstimmungen der Klienten und klagten nebenbei darüber, dass der Swimmingpool nicht bewilligt worden war. Paradoxerweise entstand bald der Eindruck, dass Straftäter hinter Gittern einen urlaubsartigen Aufenthalt genossen und auf Kosten der Steuerzahler von vielen Privilegien profitierten – darunter Therapien und ein umfassendes Bildungsangebot –, aber auch von Annehmlichkeiten, die sich in unbegleiteten Urlauben und Grillpartys im Umland der Anstalten manifestierten. Ein Unterschied zwischen den mit vielen Millionen unterstützten Vollzugs- und Maßnahmeanstalten und den ebenso zahlreichen Bezirksgefängnissen, die der Untersuchungshaft dienen, wurde dabei nicht gemacht.

Durch eine Fernsehreportage im RGB und andere Medienberichte gelang es 2013, den weitgehend unbekannten Gefängnisalltag einem größeren Publikum bekannt zu machen. Die kargen Zustände an der Genfergasse waren mir nie peinlich. Öffentliches Jammern erschien mir ebenso unsinnig wie das Schönreden schwieriger Umstände; das war ich meinen Angestellten, den Insassen, aber auch mir selbst schuldig. Aus diesem Grund scheute ich mich nicht, der Presse Rede und Antwort zu stehen sowie dem allgemeinen Bild von malenden, reitenden, fröhlich arbeitenden und in jeder Hinsicht umsorgten Strafgefangenen des Vollzugs eine bisher weitgehend unbekannte Realität hinzuzufügen, die in unserem Fall bereits 2012 in einem Bericht der Nationalen Kommission zur Verhütung von Folter gerügt worden war. Die beengenden und dunklen Platzverhältnisse im RGB gaben Anlass zu Kritik, ebenso die ungenügenden Beschäftigungs- und Bewegungsmöglichkeiten sowie das Fehlen von genügend Duschanlagen. Positiv hervorgehoben wurde jedoch – und darauf bin ich bis heute stolz – »der respektvolle Umgang zwischen den Mitarbeitenden und den Häftlingen sowie die allgemein gute Atmosphäre im Haus«.

Dass die »Sozialtante« aus Bern nicht nur das Wohl der Gefangenen im Auge hatte, sondern alle Veränderungen die Entlastung meiner Mitarbeiter und die innere Sicherheit bezweckten, predigte ich intern und extern tausendmal. In der Zwischenzeit hatte ich allerdings auch eine handfeste Erfolgsbilanz vorzuweisen, die meine einstigen Kritiker verstummen ließ: Das Team bestand nun aus langjährigen Mitarbeitern, von denen die meisten gut aufeinander und auf die Insassen eingespielt waren. Die Suizidrate galt als niedrig, und die extremen Selbstverletzungen unter den Gefangenen hatten sich, im Vergleich zu meinen Anfängen, ebenso wie die Übergriffe auf das Personal deutlich reduziert.

Während die Öffentlichkeit eine Gefängnisdirektorin zu mögen schien, die den gängigen Kriterien einer Karrierefrau nicht unbedingt entsprach und zudem so redete, wie ihr der Schnabel gewachsen war, blieb ich für den Amtsvorsteher eine mittlere Katastrophe. Zu wenig intellektuell, zu spontan, zu wenig linientreu. Meine Entscheidungen musste ich ihm mitteilen, ich war ihm Rechenschaft schuldig, wenn ich Neuerungen realisieren wollte, Vorschriften ausdehnte, Verbote aussprach oder aufhob. Insbesondere die legendären »Schoggistängeli«-Aktionen – auf die er durch die Fernsehreportage aufmerksam geworden war – blieben ihm, aber auch manchen Mitarbeitern ein Dorn im Auge. Ich stellte mich auf den Standpunkt: Manchmal liegt die Genialität eines Plans in seiner Einfachheit. Mit den begehrten Minigeschenken, die ich in meinem Jackenärmel versteckt hielt, begab ich mich am Freitagabend auf meinen Rundgang durch sämtliche Etagen. Mein Ziel waren jene Insassen, die sich in besonders schwierigen Situationen befanden und während der ereignislosen Wochenenden mit einem reduzierten Personalbestand erfahrungsgemäß für Probleme sorgten. Ich schloss eine Art Geheimpakt mit diesen Gefangenen, von dem die anderen nichts wissen mussten, wie ich ihnen flüsternd mitteilte. Den Schokoladen-Deal mit der Chefin höchstpersönlich wollten die allerwenigsten vermasseln: Sie verhielten sich bis zu meinem erneuten Auftauchen am Montagmorgen meist tadellos, was mich in meinem Glauben bestärkte, dass auch als asozial verschriene Menschen durchaus fähig sind, die Regeln einer einfachen Abmachung, die ein Minimum an Vertrauen signalisiert, einzuhalten.

Dieses Vorgehen wurde als erpresserisch kritisiert. Als Bevorzugung einzelner Gefangenen, die auf diese Weise infantilisiert würden. Ich kam zum Schluss, dass die geistige Unselbständigkeit allenfalls eine Konsequenz der allgemeinen Bedingungen des Freiheitsentzugs in der U-Haft ist, und fuhr mit diesen und anderen Belohnungsaktionen fort, die alle Gefangenen auf Anhieb verstanden. So auch eine junge Frau, die aufgrund eines Drogendeliktes in Untersuchungshaft geraten war. Ob sie unter einer akuten Psychose litt, konnte ad hoc nicht in Erfahrung gebracht werden, ihr Verhalten erwies sich aber als zunehmend extrem. Sie schrie stundenlang und erwarb sich unter den Aufsehern in Rekordzeit den Ruf als unpopulärste Insassin der gesamten Etage. Wild um sich schlagend, hatte sie bereits am Morgen meine Leute attackiert und am Nachmittag die Zelle verwüstet. Alarmiert durch das Personal, schloss ich ihre Zellentür auf. Minuten zuvor hatte sich Jasmin F.* das heiße Essen über den Kopf geschüttet, den sie nun wie eine Wahnsinnige gegen die Wand schlug. Hellrotes Blut und dunkle Tomatensauce bedeckten Gesicht und Kleidung. Als sie heftig weinend und wie ein verängstigtes Tier in eine Ecke flüchtete, hatte sich meine Verärgerung bereits in Luft aufgelöst. Ich wies einen Mitarbeiter an, der jungen Frau eine Zusatzdusche zu ermöglichen, und kündigte ihr eine gemeinsame Unterhaltung an.

Abgesehen davon, dass solche Menschen die Angestellten übermäßig beanspruchten, was automatisch zu einem zeitlichen Verzug bei der Bewältigung der übrigen Aufgaben führte, gaben jene, die in seelische Notsituationen gerieten, auch Anlass zu größter Sorge, weil undefinierte Krisen in einer Kurzschlusshandlung enden konnten. Da die medizinische und psychologische Versorgung nicht immer vollumfänglich gewährleistet werden konnte, blieb als letzte Maßnahme nur die Verlegung in die Arrestzelle, wobei manche Tobende, wie bereits erwähnt, mit einem Schutzhelm ausgestattet, an die Gitterstäbe gekettet werden mussten. Dies wollte ich der Zwanzigjährigen ersparen. Eine halbe Stunde später saß sie wie ein Häufchen Elend noch immer schluchzend vor mir. Eine Tasse Milchkaffee, ein halbe Tafel Schokolade und eine Zigarette später schien sie sich etwas gefasst zu haben, und nach einem längeren Gespräch wusste ich, was zu tun war. Ich erstellte eine Liste mit sieben Punkten, die das tägliche Verhalten der jungen Frau betraf. Am nächsten Tag zeigte ich ihr einen Bogen mit winzigen Aufklebern – Blümlein, Sommervögel, Tierchen –, den ich in einer Papeterie erstanden hatte, und sagte, dass sieben solcher Markierungen pro Tag am Ende der Woche mit einem kleinen Geschenk ihrer Wahl belohnt würden. Zusätzlich gab ich ihr eine schriftliche Aufgabe, mit der ich bereits viele andere Insassen beauftragt hatte: Sie sollte verschiedene konkrete Lebensfragen beantworten, über die sie sich in den langen Stunden in der Zelle Gedanken machen konnte.

Der kindlich anmutende Teil des Plans funktionierte tadellos, auch weil ich die junge Frau jeden Abend über den aktuellen Punktestand informierte. Bereits am ersten Wochenende brachte ich ihr die gewünschte eiskalte Limonade, in der zweiten Woche eine Packung ihrer Lieblingskekse und nach der dritten Woche eine Flasche Duschmittel. Jasmin wurde ruhiger, was auf eine Verbesserung ihres Zustandes hinwies, eine Vermutung, die sie mir gegenüber bestätigte, und Wochen später überreichte sie mir einen Ordner. In der Einsamkeit des Zellenalltags hatte sie ihre tragische Lebensgeschichte zu Papier gebracht, über die wir uns bei den nächsten Treffen unterhielten. Insbesondere freute sie sich über Erfolgserlebnisse, die an Ansprüche gebunden waren, die sie zum ersten Mal in ihrem Leben erfüllen konnte, erklärte sie mir kurz vor ihrer Entlassung. Ich sah sie nie mehr wieder und nahm dies als Zeichen, dass sie es geschafft hatte, dauerhaft in Freiheit zu bleiben.

Die gelben Zettel stapelten sich auf meinem Tisch, und obwohl mein Team eine Auswahl traf, bei der die Klagen, Wünsche und Anliegen den entsprechenden Abteilungen zugewiesen wurden, stand auf der Mehrheit der Papiere nun in zehn verschiedenen Sprachen: »Vertrauliches Gespräch mit Direktorin Pfander gewünscht«. Mein Büro, in der Zwischenzeit umgebaut und mit modernem Mobiliar ausgestattet, avancierte zur Drehscheibe des Betriebes. Was ich zu geben hatte, war nicht viel, und dennoch erwiesen sich pragmatische Gedanken, aber auch nonverbaler Trost in dunklen Stunden als Hilfe und führten in vielen Fällen dazu, dass die Männer und Frauen Verantwortung für ihre Taten übernahmen, was für die Betreffenden immer einen richtigen Schritt in die Zukunft bedeutete. Glaubwürdigkeit entpuppte sich im Umgang mit den Insassen als wichtigste Voraussetzung, um eine verlässliche Beziehung aufzubauen. Ich manipulierte niemals, vertrat meine Absichten transparent, ließ die Menschen wissen, was ich dachte. Ein Bild von einer rosigen Zukunft oder ein Strafmaß, das vielleicht geringer ausfallen würde als befürchtet, stellte ich nie in Aussicht. Falscher Trost führt zu noch größerem Schmerz, wenn sich nicht bewahrheitet, was man schöngefärbt und relativiert hat, weil solche Lügen eine schnelle Beruhigung versprechen. Die erfüllte Hoffnung, einem Menschen nicht komplett gleichgültig zu sein, fördert hingegen Gutes zutage. Meine Möglichkeiten, die ich oft als beschränkt und ungenügend empfand, wurden hundertmal mit demselben geschriebenen oder gesprochenen Satz belohnt: »Danke. Sie haben mich gerettet.« Ich wusste solche

Worte vor mir selbst zu relativieren, denn retten muss sich der Mensch schließlich selbst.

In besonderer Erinnerung blieb mir in diesem Zusammenhang Marcel K.*, dessen Dank mit einer Tragödie verbunden blieb: Ich musste dem älteren Insassen mitteilen, dass seine geliebte Frau verstorben war. Als besonders schlimm empfand er, dass seine Gattin erst eine Woche nach ihrem Tod in der gemeinsamen Wohnung aufgefunden worden war. Wir führten mehrere Gespräche, in deren Verlauf klar wurde, dass der Sechzigjährige genaue Vorstellungen von der Beerdigung hatte, jedoch keine Möglichkeiten, diese ihm wichtige Zeremonie zu gestalten und zu realisieren. Mein Angebot, die Organisation in seinem Sinn zu übernehmen, nahm er mit Tränen in den Augen an. Der Schweizer, ein gewaltfreier Kleinkrimineller, der aufgrund von Einschleichdiebstählen wiederholt mit dem Gesetz in Konflikt geraten war, blieb in den folgenden Tagen verzweifelt und untröstlich. Der Gedanke, dass seine Frau ohne seine Anwesenheit »zur letzten Ruhe gebettet würde«, wie er sich ausdrückte, blieb für ihn ein unverzeihbarer Verrat an jenem Menschen, der ihm viele Jahrzehnte lang loyal zur Seite gestanden hatte. Ich beschloss, eine Sonderbewilligung zu erwirken, damit wir gemeinsam an der Beerdigung teilnehmen und er sich von seiner großen Liebe verabschieden konnte. Ich wusste mit absoluter Sicherheit, dass von diesem Herrn, so gefährlich und fit wie ein Plüschtier, nichts zu befürchten war und auch keine Fluchtgefahr bestand. Mein Chef sah es anders, er hielt mein Vorgehen für verantwortungslos. Ich blieb jedoch der Meinung, richtig zu handeln, zudem: Was hätte ich dem Trauernden als Grund nennen sollen, weshalb sich sein größter Wunsch nun doch nicht erfüllen ließe? Ich mache mich beim Chef unbeliebt?

Ich wusste, dass sich das Unglück von Marcel K. nach der Beisetzung und im Verlauf von Monaten nicht verkleinern, sondern eher das Gegenteil der Fall sein würde. Dass er sich dann nicht im Gefängnis, sondern erst nach seiner Entlassung das Leben nahm, sah ich – so schlimm es klingen mag – auch als Botschaft an mich, die ihn in schwersten Stunden geschützt und getröstet hatte.

Während der Amtsvorsteher meinem Tun weiterhin kritisch gegenüberstand, konnte ich auf die loyale Unterstützung des Polizei- und Militärdirektors Hans-Jürg Käser zählen. Auch andere Fachleute, die Staatsanwaltschaft und die Gerichtsbehörden schätzten meine Arbeit in der Zwischenzeit und taten dies kund. Mit den Mitgliedern der Partnerorganisationen – darunter Polizei, Einweisungsbehörden, Migrationsdienste, Bewährungshilfe, Gemeinden und Sozialdienste – befand ich mich im Rahmen des organisatorischen Alltags in engem Kontakt, ebenso wie ich gesamtschweizerisch längst bestens vernetzt war. Dadurch, dass ich mich von meinen Grundsätzen nicht abbringen ließ und sich meine Ideen bewährten, hatte sich mein Ansehen bei den männlichen Kollegen verschiedener Fachgremien und Verbände längst gefestigt.

Der über Jahre angewachsene Inhalt einer Kartonschachtel, die ich mir kurz nach meinem Antritt zugelegt hatte, blieb jedoch meine größte Bestätigung, und in seltenen Momenten, in denen ich mich demoralisiert fühlte, griff ich nach einem von vielen hundert Briefen und Karten darin; sie alle stammten von Insassen. Ich überflog die Zeilen, betrachtete fein gezeichnete Rosen, Tiere, Landschaften, Bäume und las auch die schriftlichen Wunschlisten durch, zu denen ich jene ermuntert hatte, denen das Wünschen längst abhandengekommen war: Freiheit und Frieden für alle Menschen – die Kinder wiedersehen – arbeiten können – ein Sportauto und eine Tasche voller Tankgutscheine – ein schönes Haus – eine liebe Frau. Auch Listen, die Verbesserungen im RGB aufzählten, die jene festgestellt hatten, die seit Jahrzehnten dort ein und aus gingen, Bastelarbeiten und Zeichnungen erreichten mich über die interne Post, und viele schrieben mir noch in späteren Jahren, wenn sie sich im Vollzug befanden oder den Sprung in die Freiheit geschafft hatten. Doch nicht nur Lob und dankende Worte erreichten mich, viele Schreiben enthielten tragische Lebensgeschichten. Ohne Hoffnung, sich mit diesen Bekenntnissen einen Vorteil zu verschaffen, wurde mir in einfachen Worten von Qualen berichtet, die die Insassen bisher für sich behalten hatten und die sie überdurchschnittlich oft in ihrer Kindheit hatten erdulden müssen.

Männer und Frauen berichteten von gewalttätigen und sexuellen Übergriffen sowie von grausamen seelischen und körperlichen Bestrafungen, denen sie oft jahrelang, willkürlich und völlig machtlos ausgesetzt gewesen waren. Noch schwerer als die Gewalt, so mein Eindruck, wog das zugefügte seelische Leid; die komplette Missachtung durch Eltern oder Erziehungsberechtigte. Die Vernachlässigung und der extreme Mangel an Respekt, den diese Menschen in ihrer Kindheit erfuhren, dies bestätigten in der Zwischenzeit auch verschiedene Studien, können der Suchtproblematik, aber auch einer kriminellen Laufbahn Vorschub leisten. In meinen Anfängen war ich der Überzeugung gewesen, dass jeder Mensch die Freiheit besitzt, seinen Weg selbst zu bestimmen, jedermann immer wieder entscheiden kann, ob und welchen moralischen Abweichungen er nachgeben will. Doch wenn ich nun vor meiner Kartonschachtel saß, willkürlich hineingriff, um diese oder jene Geschichte erneut zu lesen, überwog jetzt öfter das Gefühl, dass manche Menschen Schlechtes tun, weil es ihnen an einer wichtigen menschlichen Erfahrung fehlt, die sie in der Kindheit nicht machen konnten: das Erleben von Mitgefühl.

Auf meine Bemühungen hin, das erlebte ich im Gefängnisalltag oft, reagierten manche dieser Insassen, indem sie mein Verhalten kopierten oder meine Forderungen wortgetreu befolgten, was mich vermuten ließ, dass sie manches, was ich ihnen sagte, innerlich nicht nachvollziehen konnten und es ihnen weiterhin an der Fähigkeit mangelte, sich in die Lage anderer Menschen zu versetzen und Gefühle, Schmerz, Leid nachzuempfinden. Im Wissen, dass es sich bei meinen Interventionen nur um oberflächliche Korrekturen im sozialen Miteinander handelte, blieben die seelisch Verwahrlosten in meiner Wahrnehmung schwierige Individuen mit einem hohen Rückfallrisiko, und der Umgang im Alltag mit ihnen erforderte Vorsicht.

Um Nähe und Distanz zu gewährleisten, mussten die Grenzen bei allen Insassen von Anfang an klar gezogen und somit formuliert werden. Für viele blieb ich manchmal über Monate oder sogar Jahre hinweg die wichtigste und öfters einzige weibliche Bezugsperson. Dementsprechend selbstverständlich und intensiv befassten sie sich mit einem Menschen, dem sie täglich begegneten und der an ihrem Leben und ihren Problemen teilnahm. Bisweilen avancierte ich zu einer Projektionsfläche. Dass man mich mit romantischen Schwärmereien konfrontierte oder sogar eine Idealisierung stattfand, empfand ich als normal. Ich gab den Männern aber klar zu verstehen, dass ich darauf keinen Wert legte, und übertriebene Komplimente und Charmeoffensiven prallten an mir ab. Ich wusste, dass ein anderes Verhalten einem Machtmissbrauch gleichkommen und auch meine Autorität angreifbar machen würde, was leicht zu Situationen hätte führen können, auf die keine Gefängnisleitung und keine Anstaltsdirektion stolz sein kann. Weil ich so dachte, konnte ich auch die Auffassung vertreten, dass sich Professionalität hinter Gittern nicht nur durch Distanz definiert, sondern, im Rahmen meiner Vorgaben, auch im Zulassen einer gewissen Nähe. Wie oft wurde ich intern und extern vor negativen Auswirkungen dieser Haltung gewarnt: »Du wirst eines Tages als Geisel enden.« »Man wird dich vergewaltigen.« »Nimm dich in Acht vor einem Aufstand!« Nichts davon wurde jemals auch nur versucht. Es klingt seltsam, aber jene, die von der Gesellschaft am meisten gehasst werden – darunter Kinderschänder, Mörder und Gewaltverbrecher –, enttäuschten mich im Gefängnisalltag nur selten.

Hilal O.*, 46, Ausschaffungshäftling

Meine Heimat ist kein Abfalleimer und keine Müllhalde. Algerien ist ein fruchtbares Land mit einer reichen Kultur. Die Menschen essen mit Messer und Gabel. Wir sind keine Wilden, die froh über jeden Brosamen sein müssen, die andere uns zuwerfen. Ich lebte in der Nähe des Meeres, am Morgen sprang ich in seine Fluten. Der Himmel war immer blau. Es gab Mandelbäume und Olivenhaine. Im Fernsehen sahen wir, wie sie anderswo lebten und was sie besaßen: Häuser und Autos, Arbeit, bei der man sich die Hände nicht schmutzig machen muss. Wer träumt nicht von einem besseren Leben? Das ist der dümmste Fehler, den man machen kann. Fatal erwies sich meine Entscheidung, in der Schweiz Fuß fassen zu wollen. In Italien wimmelt es von Faschisten, in der Schweiz von Rassisten.

Seit ich vierundzwanzig Jahre alt bin, lebe ich als Illegaler ohne Papiere in diesem Land, und seit zweiundzwanzig Jahren gehe ich in sämtlichen Gefängnissen im ganzen Land ein und aus. Zwischen Haftentlassung und Ausschaffungshaft war ich jeweils in Freiheit, wurde regelmäßig wieder festgenommen und erneut angeklagt. Ich bin ein Opfer! Man legt uns fingierte Delikte zur Last, um uns aus dem Verkehr zu ziehen. So sieht es aus. Was hat man mir alles vorgeworfen: Drogenhandel, Diebstähle, einmal sperrte man mich wegen eines angeblich geklauten Handys ein. Das war die größte Beleidigung meines Lebens: Was kostet so ein Teil? Zwanzig Franken. Macht man sich deswegen die Hände schmutzig? Ein dämlicher Asylant, der aus einer unzivilisierten Kultur stammt, offenbar schon. So denken meine Feinde, die Richter, Anwälte und die Polizisten. Alle Anschuldigungen sind falsch, alles ist erlogen. Sie stecken alle unter einer Decke. In Gefangenschaft bin ich machtlos. Wenn mir einer von ihnen in Freiheit über den Weg laufen würde, müsste er sich jedoch in Acht nehmen.

Die Schweiz ist ein reiches Land, weil die Menschen hier alle anderen bescheißen. Die Bürger sind gegen die Ausländer, und die Asylsuchenden hassen sie insbesondere. Zehntausende kamen in der Zwischenzeit hierher, aber man will uns nicht, man verteufelt uns. Wir werden schlecht behandelt, man verfrachtet uns in Asylunterkünfte. Man macht uns für alles Schlechte verantwortlich. In Freiheit dürfen wir nicht arbeiten, das ist nicht normal. Man sperrt uns ins Gefängnis. Das ist schlimm. Ohne Geld in der Tasche wollen wir nicht in die Heimat zurück. Es ist eine Spirale, die uns immer weiter nach unten zieht. Ob ich Mitschuld trage, dass ich seit zweiundzwanzig Jahren immer wieder eingesperrt werde? Eine sehr blöde Frage, die mir immer wieder gestellt wird. Ich bin ein Opfer! Und weil mir niemand glaubt, hat sich in den achttausend Tagen Gefangenschaft Wut angestaut. Die Wut und der Hass sind zu meinem Lebenselixier geworden. Andere Insassen werden lahm und müde. Sie lassen sich brechen, werden angepasste und schweigsame Musterhäftlinge. Sie betteln um eine Verkürzung der Strafe oder andere mickrige Vorteile. Für mich sind das keine Männer, sondern kraftlose Memmen: Die haben keinen Funken Ehre und Stolz im Leib. Ich will keine Privilegien, denn diese werden eingesetzt, um uns in Schach zu halten.

Ich habe mir geschworen, dass ich hinter Mauern nicht auf den Knien enden werde, und das habe ich bisher auch durchgezogen. Darauf bin ich stolz. Das schaffen die wenigsten. Ein Beispiel? Hinter Gittern hätte ich arbeiten sollen, doch das akzeptierte ich nicht. Die Schweiz ist ein moderner Sklavenstaat. Man sperrt uns ein, damit billige Arbeitskräfte noch mehr Profit erwirtschaften können. Ich weigerte mich in all den Jahren, im Gefängnis und im Vollzug zu arbeiten: Zigaretten rollen, Körbe flechten, Plastikteile zusammensetzen, WC putzen: Ist das Arbeit für einen Mann? Nein. Nun müssen die Schweizer für mich bezahlen, ihnen liege ich auf der Tasche, sie müssen mich durchfüttern, mich einkleiden, mich beherbergen, für meine Gesundheit sorgen. Dafür hassen sie mich noch mehr, aber es ist mir in der Zwischenzeit egal.

Ganz jung war ich zuerst in Italien, dort ließ man mich halbwegs in Ruhe. Dann sah ich Fotografien von der Schweiz: Die abgebildeten Bergketten versprachen kühle Luft, und noch mehr faszinierten mich die Auslagen in den Geschäften. Schöne Sachen, auch Schokolade und Käse. Ein besseres Leben ist hier einfach erhältlich, sagten die anderen. Auch nach bald einem Vierteljahrhundert in diesem Land habe ich nichts von all dem Guten gesehen. Ich will auch gar nicht mehr, denn das Schöne ist für mich nur noch eine bemalte Kartonfassade, und dahinter lauert das Böse. Einzig die Frauen in der Schweiz sind in Ordnung, die waren immer nett zu mir. Die Gefängnisdirektorin löst ihre Versprechen immer ein, und einmal schenkte sie mir eine Tüte Instantkaffee, den man sonst nur am Kiosk kaufen kann. Am Gefängniskiosk kann man auch Schokolade und Zigaretten kaufen. Dafür fehlt mir das Geld, weil ich die Arbeit seit langem verweigere. Meine Kaufkraft ist seit über zwanzig Jahren gleich null. Das Darben und Verzichten auf alles sehe ich in der Zwischenzeit als Bestandteil meines Kampfes, kein Rädchen dieses Systems zu werden.

Ich bin ein Opfer! Meine Jugend, die besten Jahre meines Lebens verbrachte ich im Gefängnis. Unverschuldet! C'est la vérité, je le jure! Ich sah meinen Vater nicht sterben, ich sah meine Mutter nicht altern, die Jahreszeiten in meinem Land nicht wechseln, und als die Mandelbäume und Olivenhaine verschwanden, war ich nicht da. Andere Dörfer haben keine jungen Männer mehr, weil alle in die Ferne gingen, um ein besseres Leben zu suchen, und ganze Landstriche sind nur noch von Alten bewohnt. Aber mein Dorf hat jetzt richtige Straßen und einen Supermarkt, meine ehemaligen Schulkollegen sind bereits Großväter, und fast alle besitzen sie einen Kühlschrank und eine Waschmaschine, sagt meine Mutter. Manche haben Häuser gebaut und Vieh gekauft. Sie haben ein Leben geführt, geglückt oder nicht, mit guten und schlechten Zeiten. Sie haben gehandelt, wie es richtige Männer tun: Sie bekamen Kinder, trugen Verantwortung und beteten zu Gott. Sie haben das bessere Leben nicht anderswo gesucht und fanden es in der eigenen Heimat. Auch ich bete zu meinem Gott und lege mein Schicksal in seine Hände.

Meine Zelle bleibt den ganzen Tag geschlossen, der Gang zu den Zellen ist durch eine zusätzliche Metalltür gepanzert. Ich schlafe, wenn ich nicht schlafen sollte, und kann nicht schlafen, wenn es Nacht wird. Ich bin zur Untätigkeit verdammt; seit zweiundzwanzig Jahren mache ich nichts, lerne ich nichts, erlebe ich nichts. Ich will auch keinen Kontakt mehr zu den Mitgefangenen oder zur Außenwelt. Im Gang gibt es einen Telefonapparat, meine Mutter ruft manchmal an, aber die Gespräche verlaufen seit vielen Jahren gleich: »Wie lange musst du noch in der Ferne bleiben? Wann kommst du zurück? Mein Sohn, *ich vermisse dich so sehr.« Seit zweiundzwanzig Jahren spreche ich die immer gleichen Sätze, und heute kann ich nichts mehr erwidern, wenn sie weint und mich fragt, ob es mir gut gehe. Sie würde mich nicht mehr erkennen: In der Gefangenschaft verlor ich meine Jugend und meine Seele. Der Körper verändert sich bereits, die Muskeln sind weniger geworden, ich bin geschrumpft, und wenn ich in den Spiegel blicke, sieht mir ein alter Mann mit Bart und hasserfüllten Augen entgegen. Vor dem Tod fürchte ich mich nicht, aber Selbstmord würde ich niemals begehen. Sollte ich einmal tot in der Zelle liegen, muss man die Umstände meines Ablebens genau abklären. Man muss sich sagen: Er hat sich nicht umgebracht. Man soll sich fragen: Wer hat ihn umgebracht?*

Ich war in sechs verschiedenen Schweizer Gefängnissen und Anstalten untergebracht, es war überall die gleiche Misere. Im Regionalgefängnis Bern ist es nicht weniger schlimm, aber auch nicht schlimmer als anderswo. Hier gibt es viele andere Männer in Ausschaffungshaft, und manche verbüßen zusätzliche Strafen, weil sie gegen das Gesetz verstoßen haben sollen. Alle Ausländer werden in der Schweiz wie Kriminelle behandelt und wie Tiere gehalten. Behandelt man so Gäste, die ein besseres Leben suchen? Soeben wurde ich zu weiteren vier Jahren verurteilt, erneut wurden irgendwelche Lügen verbreitet. Wie wenn ich so dämlich wäre und immer wieder das Gleiche anstellen würde.

In vier Jahren werde ich entlassen, aber in mein Land will ich nicht. Ich werde nicht mit leeren Händen in meine Heimat zurückkehren, sondern freiwillig, so wie es ein stolzer Mann macht. Wie könnte ich den Leuten aus dem Dorf unter die Augen treten, nachdem sie mich so lange Zeit in der Fremde wussten und dachten, ich führe ein gutes, ein erfolgreiches Leben? Soll ich als Lump zurückkehren? Soll ich meine Mutter oder meine Geschwister anbetteln? Mein Plan ist es, in Freiheit Geld zu verdienen. Wie, weiß ich noch nicht genau, und auch schon hieß es, dass ich vielleicht bis an mein Lebensende in einem Schweizer Gefängnis sitzen werde. Bis dahin koste ich den Steuerzahler viel Geld, ich habe es einmal ausgerechnet und kam auf über eine Million Franken. Ich bin kein Einzelfall. Solche wie mich gibt es viele. Im Unterschied zu den anderen wird mein Wille aber nicht gebrochen sein. Auch wenn ich eines Tages als Greis im Knast sterben sollte, werde ich bis zum letzten Atemzug kämpfen. Für was genau? Für die Gerechtigkeit. Für welche Gerechtigkeit? Für meine Gerechtigkeit.

Sternenhimmel

Der Untätigkeit und Langeweile der Insassen, ihrer Antriebslosigkeit und der Frustration begegnete ich mit der Präsenz meiner Person, jedoch auch mit entsprechenden Beschäftigungsaktionen: Über einen Hilfsdienst, der gratis pensionierte Lehrkräfte ins Gefängnis vermittelte, konnten sie nun Sprachkurse belegen. Über externe Firmen akquirierte unser Werkmeister Auftragsarbeiten, die die Häftlinge mangels anderweitigen Platzes auch auf ihren Pritschen sitzend erledigen konnten. Als erfolgreicher erwies sich eine andere Maßnahme: Bei der Mitarbeit in der Gefängnisküche handelte es sich um das größte Privileg, das wir zu vergeben hatten. Die sogenannten Küchendienstler durften den ganzen Tag unter Bedingungen arbeiten, die denjenigen in der Freiheit nicht unähnlich waren, da der Job in der Großküche unter Zeitdruck erledigt werden musste, die Auserwählten ihr Können, Engagement, aber auch ihre Frustrationstoleranz täglich unter Beweis stellen mussten. Eine adäquate Ausbildung war nicht notwendig, dafür mussten sie über geeignete charakterliche Voraussetzungen verfügen, wollten sie sich für diesen Job und die damit zusammenhängenden Vorteile qualifizieren. Die Teammitglieder lebten in einer eigens geschaffenen, geräumigen Behausung: Ausgestattet mit einer alten Sofagruppe sowie einem kleinen Kühlschrank, lag der Bereich dieser beinahe autonom funktionierenden Wohngruppe fernab der übrigen Zellen im Untergeschoss direkt neben der Küche.

Die Entscheidung, wer in den Genuss einer Chance kommen durfte, die mancher Resozialisierungsmaßnahme im Vollzug durchaus das Wasser reichen konnte, fiel uns nicht immer leicht. Es gab die sogenannten Musterhäftlinge, die niemals Anlass zur Klage gaben und meinten, somit seien sie für dieses Privileg prädestiniert. Bei näherer Betrachtung sah man anderes: Die endlosen Tage verbrachten die Untadeligen in ewiger Untätigkeit auf den Pritschen liegend, sie aßen und tranken, und sie standen pünktlich bereit für den Rundgang an der frischen Luft, den sie in sich gekehrt und schweigend absolvierten. Während ihre Kollegen randalierend und reklamierend darauf aufmerksam machten, dass sie noch am Leben waren, und andere Insassen ideenreiche Strategien entwickelten, damit sie die Zeit in der Gefangenschaft nicht als komplett sinnlos abbuchen mussten, stellten die Lautlosen und Apathischen keine Forderungen, nicht an andere, nicht an sich selbst, und die Hoffnung auf eine Zukunft in Freiheit kam ihnen im Verlauf der Zeit nicht nur abhanden, sie erschien ihnen irgendwann auch wertlos. Die mangelnde Autonomie, die Entmündigung in hundert Facetten war ihnen im Verlauf von Monaten und Jahren zu einer Gewohnheit geworden – ein Zustand, in dem keine Probleme existierten und sie gänzlich ohne praktische oder intellektuelle Initiative einfach reibungslos funktionierten.

So lauerte hinter der Fassade der Friedfertigkeit oft genug eine destruktive Lethargie, eine bequeme Gleichgültigkeit. Diese Männer betrachteten das Untersuchungsgefängnis und auch die Strafanstalt im Verlauf von vielen Jahren als ihr eigentliches Zuhause, als einen Ort mit strikten Regeln, die sie kannten und längst absorbiert hatten, und mit Personen, die ihnen alle Entscheidungen abnahmen. Nicht nur aufgrund unkorrigierbarer krimineller Energien, sondern auch, weil diese Menschen die Freiheit mit all ihren Ansprüchen in der Zwischenzeit fürchteten und nicht mehr bewältigen wollten, kehrten manche von ihnen immer wieder in die Gefangenschaft zurück. Bei diesen Insassen handelte es sich oft um Wiederholungstäter, und die Kleinkriminellen überwogen in dieser Kategorie. Hätten nicht gerade diese Schwachen eine Chance verdient, um aus dem Teufelskreis auszubrechen? – so fragte ich mich während des Auswahlverfahrens, das ich für den begehrten Küchendienst durchzuführen hatte. Ich kam zum Schluss, dass diese Haltung im Gefängnis nichts bringt. Denn die Antriebslosen, das zeigte die Realität immer wieder, scheiterten meist bereits an kleinen Aufgaben, Chancen, die ich ihnen bot, und aufgrund der limitierten Möglichkeiten in der U-Haft hätte ihre Auswahl somit einem anderen Gefangenen die positive Veränderung in Richtung einer stabilen Zukunft verunmöglicht.

Bei jenen, denen ich bessere Voraussetzungen – ohne Gewähr auf Richtigkeit – attestierte, handelte es sich fast immer um Ersttäter. Die härtesten Wochen der Untersuchungshaft wollten wir ihnen nicht ersparen, doch wir beobachteten genau, wie sie sich verhielten und zu welchen Erkenntnissen sie in einem beinahe klösterlichen Umfeld ohne Ablenkung kamen. Die meisten waren jung, zwischen zwanzig und dreißig Jahre alt. Im Gegensatz zu jenen, die ihre Taten verdrängten, sich der organisatorischen und geistigen Entmündigung hingaben und daraus auch das Recht ableiteten, keinen Willen zur Verbesserung zeigen zu müssen, erkannten andere Insassen, dass man vor sich selbst niemals flüchten kann: Der inneren Leere stellten sich manche von ihnen entgegen, die Hoffnungslosigkeit versuchten sie mit verschiedenen Strategien zu bekämpfen, die abhandengekommene Selbstbestimmung machten sie wett, indem sie Verantwortung für sich selbst und ihre Taten übernahmen. Ob es mit der Intelligenz oder mit der viel diskutierten Resilienz zu tun hat, weiß ich nicht, aber manche Menschen adaptieren sich besser an ausweglos erscheinende Situationen als andere.

Wie bereits angedeutet, traf die Erfahrung, dass zumindest im Gefängnis alle Menschen gleich sind, jene am härtesten, die in Freiheit alles darangesetzt hatten, sich von der Masse abzuheben, und aus diesem Umstand auch ihr Selbstwertgefühl bezogen hatten: indem sie besonders erfolgreich waren, indem sie sich als intelligent und überdurchschnittlich tüchtig profilierten. Verloren sie dennoch alles, weil sie sich selbst überschätzten, auf Abwege gerieten, Unrecht taten, erlitten sie genauso kolossal Schiffbruch wie diejenigen, die einfältig und ohne Ambitionen waren. In der Haft mussten alle ihr Selbstbild neu definieren und ihre Wertvorstellungen überdenken. Jene, die an diesem Anspruch und an den misslichen Verhältnissen der U-Haft nicht scheiterten, verfügten über die besten Chancen, um sich in Freiheit erneut zu bewähren.

Je länger ich als Gefängnisdirektorin amtete, desto mehr wurde mir meine Freiheit zu einem kostbaren Gut und freute ich mich an einer Normalität, die ich so lange und ohne einen Gedanken daran zu verschwenden, für selbstverständlich gehalten hatte. Zu Recht; ich war nicht kriminell, hatte noch nie etwas gestohlen, geschweige denn jemanden attackiert oder einen sonstigen Schaden verursacht, der mich mit dem Gesetz in Konflikt gebracht hätte. Und dennoch nahm ich die Tatsache, jeden Tag unzählige Entscheidungen treffen zu können, nun bewusster wahr. Ich begann, meine Alltagsroutinen beinahe rituell zu pflegen, um sie plötzlich zu verändern. Weil ich das konnte, weil ich das durfte. Ich genoss alle Ablenkungen doppelt, wenn ich mich belastet fühlte, traf mich nach Feierabend mit Freunden, telefonierte stundenlang mit meinen Schwestern. Ich begann, die Liebe jener Menschen, die mich umgaben, noch intensiver zu genießen. Eine Hand, die meine hält, eine Umarmung, Anteilnahme, Trost. Meine Zukunft malte ich mir aus: Einen hohen Berg wollte ich besteigen, erneut einen Arabischsprachkurs besuchen, und vor allem wünschte ich mir, Großmutter zu werden.

Ich roch an allen möglichen exotischen Substanzen: Vanillestangen, Sandelholz, Trüffeln. Ich begann, Dinge zu sammeln, die ich in der freien Natur fand: ein Vogelnest, an dem winzige Federchen klebten, einen glatten Stein in Herzform, Wurzeln, Blätter, Blüten. Ich sammelte seltsame Klänge und Geräusche und Postkarten aus jenen Ländern, die meine Kollegen bereits besucht hatten und die auch ich bereisen wollte. Ich genoss meine Sommerferien auf Kreta. Immer und immer wieder. Ich legte mich unter den freien Himmel, er war blau, mit Wolken verhangen oder mit Sternen übersät. Ich häufte schöne und traurige Momente an sowie allerlei Unsinn, der mich zum Lachen brachte. Ich kaufte teure Bettwäsche aus dunkelroter satinierter Baumwolle und Weichspüler, der nach Lavendel duftete. Ich legte einen Kräutergarten an und begann, individuell zu kochen, so wie es in einer Gefängnisküche niemals möglich gewesen wäre: Ich stach winzige Tierchen und Herzchen aus Gemüse aus und positioniere sie in einer Miniaturwiese aus Kresse am Tellerrand. Ich dekorierte Esstische und Tannenbäume, Hauseingänge und Osternester. Ich nahm am Leben von anderen Menschen teil. Ich stritt und versöhnte mich mit meiner Nachbarin. Ich verzieh und vergaß, und ich begleitete meine Eltern ins hohe Alter.

Ich heulte, als die Liebe zu meinem zweiten Mann zerbrach, und war Monate später erneut mit mir allein zufrieden. Ich agierte und reagierte, ich traf gute und schlechte Entscheidungen, machte viele Erfahrungen, und manches blieb mir rätselhaft. Ich musste Konsequenzen für meine Handlungen übernehmen, war Gefahren und Freuden ausgesetzt, musste mich selbst unter Beweis stellen, hatte Erfolg oder scheiterte, überdachte Meinungen, kam zu neuen Erkenntnissen, entwickelte mich weiter, kurz: Ich führte ein gutes, ein erfülltes Leben, weil es ein Leben in Freiheit war.

Auch in diesem Zusammenhang befasste ich mich seit längerem mit der historischen Entwicklung der Gefängnisse in der Schweiz, und je länger ich als Leiterin des RGB amtete, umso differenzierter glaubte ich auch unser aktuelles Strafsystem beurteilen zu können. Wie einzelne Nationen bestrafen, sagt einiges über die moralischen Werte der jeweiligen Kultur und die gesellschaftlichen Umstände aus, und manche Verbrechen verloren in den vergangenen zweihundert Jahren an Schwere. So zum Beispiel die Gotteslästerung, ebenso der Schleichhandel oder der häusliche Diebstahl, und anderes war nicht mehr strafbar, weil es mit einem bestimmten Vollzug religiöser Autorität oder mit einem Typ des wirtschaftlichen Lebens verbunden war, wie der französische Philosoph Michel Foucault den Wandel in seinem Buch »Überwachen und Strafen – Die Geburt des Gefängnisses« beschreibt. Die Nichtbestrafung von gewalttätigen Übergriffen ist ebenfalls aufschlussreich, wie ich im Rahmen meiner Tätigkeit beim damaligen Migrationsdienst erfahren hatte. Solche Taten deuten die stillschweigende Legitimation durch die Staatsgewalt an und kommen einer unerträglichen Ermunterung gleich, anarchistisch zu agieren, wie zum Beispiel die lange verheimlichten Massenvergewaltigungen in Indien zeigen oder der Ehrenmord in einigen islamisch geprägten Ländern.

Als Mitglied des Vereins Freiheitsentzug Schweiz (FES) unternahm ich verschiedene Studienreisen in Länder, deren Bedingungen im Strafvollzug unterschiedlicher nicht sein könnten. Schweden geriet bereits in den 1960er-Jahren mit einem Experiment zur »Humanisierung des Strafvollzugs« unter Beschuss. Die Gefängnisbehörde hatte einen verurteilten Mörder in einer eigens zu diesem Zweck gekauften Villa untergebracht. Damit sich der Schwerverbrecher nicht einsam fühlte, durfte er einer Arbeit nachgehen, seine Gattin wurde ebenfalls im hübsch möblierten Haus untergebracht, und damit das Paar in Ruhe und Sicherheit leben konnte, wurden Identität und Aufenthaltsort der beiden geheim gehalten. Solche Exzesse gehören zwar der Vergangenheit an, aber noch immer zählen die schwedischen Strafanstalten zu den modernsten und komfortabelsten weltweit. Bei meinem Besuch bewunderte ich große Einzelzellen mit Gardinen vor den Fenstern, assortierte Bettwäsche, Flachbildschirme und bunte Lampen, die die Szenerie in wohnliches Licht tauchten. Für die Freizeitgestaltung standen den Häftlingen unter anderem Schulungsräume, ein Fitnessraum, eine Kletterwand und ein Tonstudio zur Verfügung.

Ganz andere Verhältnisse herrschten in einem Gefängnis im russischen Kaliningrad, dem ehemals ostpreußischen Königsberg. Die mit Stacheldraht gesicherte Anlage roch nach

Putzmittel und war vermutlich in tagelanger Arbeit für den ausländischen Besuch hergerichtet worden, doch manche Bedingungen ließen sich dennoch nicht verbergen. Bedrohlich wirkendes Bewachungspersonal, das Kampfhunde an den Leinen führte, vergitterte Zellen, rostige Behälter in der Größe von Badewannen, die der Zubereitung wässrig aussehender Kost dienten, und ein Erste-Hilfe-Kasten, in dem bis auf eine Flasche Desinfektionsmittel gähnende Leere herrschte, waren den Offiziellen dennoch präsentierbare Verhältnisse oder zeigten immerhin eine Verbesserung zu jenen Zeiten, als nicht nur kriminelle Menschen in die sibirischen Zwangsarbeitslager geschickt wurden; eine Maßnahme, die meist den sicheren Tod der Verurteilten bedeutet hatte.

Man führte uns in einen großen und sauber aussehenden Schlafsaal, der über fünfzig Pritschen verfügte. An jedem einzelnen Bettgestell hing eine Tafel, die das Bild des Insassen zeigte. Sie informierte über Geburtsdatum und Heimatstadt, aber auch die Dauer der Strafe und der jeweilige Gesetzesartikel zum verübten Delikt waren vermerkt. Vordergründig hatte man sich an manche neuzeitliche Bedingungen des Vollzugs angepasst, wie auch die im Hof spazierenden Häftlinge zeigen sollten. Gleichzeitig wurden die Insassen an den Pranger gestellt: Ich mochte mir nicht vorstellen, was spätnachts mit jenen geschah, die aufgrund ihrer Straftaten in der Gefängnishierarchie zuunterst fungierten. Erhalten Häftlinge die Gelegenheit, misshandeln sie jene Insassen körperlich, deren Taten sie als besonders verwerflich einstufen, weshalb in europäischen Anstalten die Art der Delikte streng vertraulich behandelt wird und im Fall einer Indiskretion die sofortige Isolierung des Betroffenen stattfinden muss.

Die Frage, was genau der Strafvollzug im Endeffekt will, wie hart er sein muss oder wie liberal und was genau er bezweckt, kann ich trotzdem nicht schlüssig beantworten. Die Bestrafung der Seele? Einsicht und Besserung? Oder Niedergang und Ausschluss? Was ich allerdings weiß: In der modernen Rechtsprechung zivilisierter Staaten geht das Bedürfnis der Gesellschaft nach Wiedergutmachung leicht vergessen, vielleicht wird es auch verdrängt.

Michel Sunier, 66, Bewährungshelfer

Die Verhältnisse in der Untersuchungshaft können karg genannt werden: Kleine Zellen, wenig Bewegungsraum, beschränkte Beschäftigungsmöglichkeiten prägen den Alltag. Meine Arbeit wurde auch von der Art der Delikte beeinflusst: Es kamen zum Beispiel neue Straftatbestände dazu, etwa Delikte aus der Welt des Internets, Datenmissbrauch und Bankkartenfälschungen, aber auch die häusliche Gewalt, die erst seit einigen Jahren strafbar ist und auch ohne Anzeige des Opfers als Offizialdelikt von Amtes wegen verfolgt werden muss.

Ich arbeitete fünfundzwanzig Jahre lang als Sozialarbeiter bei der Bewährungshilfe im Regionalgefängnis Bern. Unser Team umfasste Sozialarbeiterinnen sowie Praktikanten und Praktikantinnen der Fachhochschulen für soziale Arbeit. Als ich meine Stelle antrat, wurde oft gesagt: Wie entwickelt eine Gesellschaft ist, zeigt sich in ihrem Umgang mit den schwächsten Mitgliedern. In den vergangenen zehn Jahren hat in diesem Bereich ein Umdenken stattgefunden. Das Verständnis für die Täter, das Suchen nach Gründen für ihr Tun, die man oft in den schwierigen Biografien fand, ist kleiner geworden. Das hat mit verschiedenen Faktoren zu tun: unter anderem mit jenen Fällen, bei denen es tragischerweise Opfer gab, weil Verurteilte in den Genuss von riskanten Privilegien kamen – zum

Beispiel zu einem unbegleiteten oder ungenügend gesicherten Freigang. Diese Katastrophen sind mitverantwortlich dafür, dass sich in weiten Teilen der Bevölkerung Unmut ausbreitete. Die daraus resultierende Entscheidung bei der Abstimmung zur Verwahrungsinitiative brachte die Mehrheitsmeinung zum Ausdruck, dass man mit den fehlbaren Mitgliedern der Gesellschaft härter umgehen muss und man sie allenfalls auf Lebzeiten einsperren soll. Das Bedürfnis, die Gesellschaft besser und wirksamer vor gefährlichen Straftätern zu schützen, hat in den letzten Jahren zugenommen und wird in den Medien kontrovers diskutiert. Die Diskussionen entfachen sich verständlicherweise am Umstand, wie mit jenen Extremtätern, die für die Gesellschaft auch nach der Haftentlassung eine potenzielle Gefahr sind, umgegangen wird.

Nicht vergessen sollte man in diesem Zusammenhang aber auch, dass die Mehrheit der Menschen, die sich in den Vollzugsanstalten und Gefängnissen aufhalten, für andere Vergehen büssen als für schwerste Gewalttaten. Sie sind von den negativen Folgen der veränderten gesellschaftlichen Haltung gegenüber Gefangenen aber genauso betroffen. Das zeigt sich auch in unserer Arbeit, die oft im Appellieren an den guten Willen von potenziellen Wohnungsvermietern und Arbeitgebern besteht. Diese könnten einen Beitrag leisten, indem sie den Vorbestraften in Freiheit eine zweite Chance geben. Doch sind abschlägige Antworten heute häufiger als früher. Unter Fachleuten gilt die Resozialisierung, das heisst die Wiedereingliederung von straffällig gewordenen Menschen in die Gesellschaft, als zentrales Anliegen. Die Aufgabe des Bewährungsdienstes ist es, in Absprache mit den Betroffenen bei der Vorbereitung auf die Freiheit behilflich zu sein, sprich Voraussetzungen zu schaffen, die es dem Klienten ermöglichen, erneut Tritt zu fassen und straffrei zu bleiben. Dazu gehört auch eine individuelle Interventionsplanung, wobei Risiko- und Schutzfaktoren in Persönlichkeit und Umfeld abgeklärt werden.

Vor über fünfunddreißig Jahren nahm die Bewährungshilfe ihre Tätigkeit im Regionalgefängnis Bern auf. Anfänglich agierte sie im Sinne eines Sozialdienstes, der sich auch mit Fragen und Problemen der Insassen befasste, die sich um den Gefängnisalltag drehten. 2003 fand dann die Umstellung vom Sozialdienst zur Sprechstunde der Abteilung Bewährungshilfe und alternativer Strafvollzug (ABaS) statt. Beratung, Begleitung, Betreuung der Insassen wurden zu den Kernaufgaben sowie die Vorbereitung auf ein deliktfreies Leben nach der Entlassung aus dem Gefängnis. Zweihundert freiwillige Mitarbeiter und Mitarbeiterinnen, die unsere Arbeit unterstützen, stehen den Klienten im Kanton Bern bereits während der Untersuchungshaft und im Vollzug zur Seite.

Im RGB behandeln wir pro Jahr rund zweihundertfünfzig Klientendossiers. Neunzig Prozent der Klienten sind männlich, sie stammen aus über hundert verschiedenen Ländern. Menschen in Ausschaffungshaft können seit der Einführung der Sprechstunde von den Dienstleistungen der Bewährungshilfe keinen Gebrauch mehr machen, da sie nicht zur eigentlichen Zielgruppe gehören. Wir arbeiten sozusagen im Auftrag der übrigen »Gefangenen«, die auch jederzeit wieder aus dem Prozess aussteigen können, was aber, nachdem einmal Kontakt aufgenommen wurde, eher selten vorkommt. Für jene, die unser Angebot in Anspruch nehmen, sind wir oft ein Fenster nach außen. Das interne Angebot umfasst auch die Begleitung während des Gefängnisaufenthaltes, insbesondere die Möglichkeit, Gespräche zu führen. Wir nehmen auch Kontakt mit Ange-

hörigen auf, denn sie sind in der Lage, Verschiedenes für die Insassen unbürokratisch zu erledigen, und beugen ebenfalls der Einsamkeit in der Isolation vor. Das Beziehungsnetz versuchen wir wann immer möglich in die Interventionen einzubinden. Gerade viele jüngere Insassen befinden sich mit den Eltern im Streit. Wenn wir den Vätern und Müttern konkrete Ziele und Lösungsansätze aufzeigen können, sind manche bereit, ihren Kindern erneut unter die Arme zu greifen und ihnen auch emotional und finanziell beizustehen.

Bei Bedarf greifen wir auf ein dichtes Netzwerk zurück, das externe Sozialdienste, Fürsorgestellen und diverse Hilfsorganisationen mit einschließt. Aber alle Maßnahmen, die die Insassen in der Untersuchungshaft betreffen, werden zuerst mit dem zuständigen Staatsanwalt oder der Staatsanwältin besprochen. Die Staatsanwaltschaft ist in der Phase der Untersuchungshaft fallführend. So kann zum Beispiel durch vorgängige Klärung der Situation verhindert werden, dass ein Insasse angeblich seine Freundin anruft, in Tat und Wahrheit aber einen Kumpel anweist, belastendes Material aus der Wohnung zu entfernen. Dies könnte zu einer wesentlichen Beeinträchtigung bis hin zur Verunmöglichung des Strafverfahrens führen.

Eine Herausforderung der Arbeit mit Rückfälligen ist es, immer wieder zu versuchen, den Weg zu einem deliktfreien Leben zu bahnen und zu ermöglichen. Mehrere Anläufe müssen manchmal unternommen werden, bis es vielleicht doch einmal klappt. Als Beispiel hatten wir einen rückfälligen jungen Mann, der mehrmals im Jahr erschien, um seine Gefängnisstrafe abzusitzen, sozusagen ein »Dauerbrenner«. Kaum in Freiheit, fing er erneut Bußen ein, die er nicht bezahlte, beging Einbrüche und konsumierte Suchtmittel. Wir waren drauf und dran, ihn abzuschreiben, ließen ihn aber trotzdem nicht hängen. Und siehe da: Völlig unerwartet absolvierte er eine Lehre im Holzgewerbe mit Abschluss und kam nicht mehr ins Gefängnis zurück. Das freut einen natürlich riesig.

Die Führung des Regionalgefängnisses Bern durch die beiden Vorgänger von Marlise Pfander war zum Teil von den damals herrschenden moralischen Werten der Gesellschaft geprägt. Diese wandelten sich ebenso wie die strafrechtlichen Normen, und beides beeinflusste den Gefängnisbetrieb unter der neuen Führung. Am Anfang sah man der Ankunft einer weiblichen Leiterin mit Skepsis entgegen – das war ein Novum in dieser Männerwelt. Aber es wurde schnell klar, dass sie einen ganz eigenen Stil entwickelte. Der weibliche Einfluss, der unter ihrem Zepter in den verschiedenen Abteilungen zum Tragen kam, eröffnete dem ganzen Betrieb neue Perspektiven.

Schuld und Sühne

Der Durst nach Rache existiert nicht nur unter Häftlingen, die einander für manche Taten bestrafen, wenn sie die Möglichkeit dazu erhalten. Der Drang nach Vergeltung existiert im Fall grausamer Verbrechen auch in der Bevölkerung und steht bisweilen im Widerspruch zu den heutigen Bedingungen des Vollzugs, die als übertrieben angenehm oder gar als unnötig wahrgenommen werden: als Gegenteil einer Bestrafung. Wann immer ich mich zu diesem Thema äußern musste, fügte ich an: Die elaborierten Möglichkeiten des Strafvollzugs machen den Alltag vielleicht angenehmer, wollen aber in erster Linie die Chancen auf eine gesellschaftliche Wiedereingliederung konkretisieren, und der damit verbundene Besserungszwang, aber auch die ins Schloss fallende Zellentür werden als harte Bestrafungen erlebt. Die Freiheitsstrafe zielt auf die Seele ab und ist komplexer, jedoch nicht in jedem Fall weniger schmerzhaft als die Züchtigung des Körpers, die dem Bedürfnis nach Vergeltung offensichtlicher entspricht.

Viele Jahrhunderte lang galt die extreme physische Sanktion als Bestandteil eines Bestrafungssystems, das an Grausamkeit und Brutalität nicht zu übertreffen war. Zu den in manchen Teilen Europas bis Mitte des 18. Jahrhunderts durchgeführten Bestrafungen gehörten Folterungen, Brandmale, Peitschenhiebe und der Pranger. Das Volk nahm am Spektakel teil und wurde so für Vergehen und Verbrechen entschädigt, die anderen Mitgliedern der Gemeinschaft Schaden zugefügt oder dem gesellschaftlichen und religiösen Konsens widersprochen hatten. Das physische Leiden prägte solch barbarische Aktionen, die oft, aber nicht immer mit dem Tod der Angeschuldigten endeten. Während der Französischen Revolution starben Tausende durch das Beil. Je nach Körperkraft des Henkers musste zwei- oder dreimal zugeschlagen werden, was dazu führte, dass die Betroffenen erst nach einem schrecklichen Todeskampf starben.

Vor diesem Hintergrund erfand ein französischer Mediziner »aus humanitären Gründen«, wie er erklärte, die mit einem automatischen Fallmesser ausgestattete Guillotine. Dieses neuartige Gerät stieß beim Volk zuerst auf heftigen Widerstand, da die Verurteilten nun frei von körperlichen Qualen starben. Über die später in anderen Ländern eingeführten Hinrichtungen durch den elektrischen Stuhl und die Giftspritze machte sich der französische Philosoph Michel Foucault kritische Gedanken: »Die Kunst der Züchtigung ist nicht mehr eine Kunst der unerträglichen Empfindungen, sondern eine Ökonomie der suspendierten Rechte. Soweit die Justiz den Körper immer noch angreifen und manipulieren muss, tut sie es nun distanzierter, sauber und nüchtern (...). Später wurde der Scharfrichter von einem Heer an Technikern abgelöst. Dieser zweifache Prozess – das Verschwinden des Schauspiels, die Beseitigung des körperlichen Schmerzes – wird von den modernen Ritualen der Hinrichtung bezeugt.« Foucault sieht in der Ökonomie der Züchtigung, wie er eine neue Strafpraxis nennt, die sich in Europa um die Wende des 18. zum 19. Jahrhundert zu etablieren begann, eine neue politische und moralische Rechtfertigung der Strafe. Mit dem Wegfall der Todesstrafe und der körperlichen Züchtigung musste jedoch auch eine andere Form der Strafe gefunden werden: die Isolierung der Gefangenen in Zellen.

In der Schweiz waren grausame Todes- und Körperstrafen während des ganzen Mittelalters üblich. Mit der Verabschiedung des »Helvetischen Peinlichen Gesetzbuches« im Jahr 1799 wurden die Folter und die Todesstrafe oder vielmehr die bestialische Weise, wie die Todesstrafe bisher vollstreckt werden durfte, abgeschafft, aber erst mit der ersten Totalrevision der Bundesverfassung im Jahr 1874 ganz verboten. Auch die körperliche Erniedrigung der Strafgefangenen galt ab dem 19. Jahrhundert in der Schweiz als verpönt: Einer Reformschrift von Conrad Melchior Hirzel folgend, die bereits 1826 die Verwandlung der Zuchthäuser in Besserungsanstalten thematisiert hatte, sollten die Verurteilen Bildung und moralische Unterstützung erhalten. Vor diesem Hintergrund wurde die Freiheitsstrafe bald zur Hauptsanktion. Gefängnisstrafen in Kombination mit Ankettung und Zwangsarbeit galten nun als schwerste Strafe, die mildere Bestrafung sah die Isolationshaft ohne Ankettung oder die Gemeinschaftshaft mit freier Arbeitswahl vor. Die frühen Zuchthäuser waren bald ständig überfüllt.

Bereits im 15. Jahrhundert waren in der Schweiz in verschiedenen Kantonen, darunter auch der Kanton Bern, sogenannte Schellenwerke errichtet worden, die der Zwangsarbeit dienten. Die Verurteilten mussten tagsüber meist im Straßenbau schwere Arbeit verrichten und verbrachten die Nacht in den bewachten Unterkünften. Im Gegensatz zu Schweizer Städten, die bereits vor dem Mittelalter über Türme, Festungen und der Einschließung dienende Klosteranlagen verfügten, existierten in den ländlichen Gebieten der Eidgenossenschaft bis ins 18. Jahrhundert keine institutionellen Gefängnisse, sondern nur einfache Einsperrungslokale. 1825 entstand das erste moderne Zuchthaus der Schweiz in Genf, das sich am New Yorker Auburn-Gefängnis orientierte, und in den folgenden Jahren wurden in beinahe allen Schweizer Kantonen eigene Zuchthäuser gebaut, in denen Kriminalstrafen und Korrektionsmaßnahmen mit Redeverbot vollzogen wurden, das heißt, die Häftlinge mussten die Tage mehrheitlich schweigend verbringen, und die Disziplin zählte nun zu jenen Geboten, die auf die Besserung des Kriminellen abzielten. Nach der Gründung des Schweizerischen Vereins für Straf- und Gefängniswesen arbeiteten die Kantone im Bereich des Strafvollzugs enger zusammen, und gestützt auf eine Verordnung aus dem Jahr 1903, bemühte man sich bald um einen Vollzug, der auch die gesellschaftliche Wiedereingliederung der männlichen und weiblichen Gefangenen vorsah.

Als Verbrechen oder Vergehen beurteilte man in Europa weiterhin Taten, die vom Gesetzbuch definiert wurden, aber nun urteilte man auch über Leidenschaften, Instinkte, Anomalien, Schwächen, Unangepasstheiten, Milieu- oder Erbschäden. »Man bestraft Aggressionen, aber durch sie hindurch Aggressivitäten; Vergewaltigungen, aber zugleich Perversionen; Morde, die auch Triebe und Begehren sind«, so Michel Foucault und weiter: »Bestraft werden diese Taten durch eine Züchtigung, die dem Delinquenten nicht nur das Verlangen, sondern auch die Fähigkeit geben soll, in Respekt vor dem Gesetz zu leben und für seine eigenen Bedürfnisse zu sorgen. Das Verbrechen wird also mit einer Strafe sanktioniert, die sich aufgrund des Verhaltens des Verurteilten ändern kann, und als zusätzliche Bestrafungsformen kamen nun die Sicherheitsmaßnahmen dazu, welche nicht à priori die Gesetzesübertretung sanktionieren, sondern das Individuum kontrollieren, seinen Zustand neutralisieren, seine verbrecherischen Anlagen verändern sollen.« Nachdem Europa seine neuen Strafsysteme geschaffen hatte, wurde nicht nur über den Verbrecher, sondern auch über seine Seele gerichtet, und in das richterliche Urteil mischten sich bald andere Arten des Abschätzens und Beurteilens ein. Welcher Ebene und welchem Bereich ist die Tat zuzuordnen – Wahngebilde, psychotische Reaktion, Augenblick der Verwirrung, Perversität?

Auch heute steht nicht mehr nur die Frage nach der Schuldigkeit im Raum, sondern die Art der Maßnahme, mit der die Kriminellen gebessert werden könnten. »Eine Reihe von abschätzenden, diagnostischen, prognostischen und normativen Beurteilungen des kriminellen Individuums ist in die Apparatur des Gerichtsurteils eingezogen«, schreibt Michel Foucault und: »Der Richter unserer Tage – ob Beamter oder Geschworener – hat nicht mehr ausschließlich zu richten. Aber er ist auch nicht mehr der Einzige, der zu richten hat. Im gesamten Verlauf des Strafverfahrens und des Strafvollzugs existieren heute zahlreiche angeschlossene Instanzen: psychiatrische oder psychologische Sachverständige, Beamte des Strafvollzugs, Erzieher, Funktionäre der Justizverwaltung zerstückeln die gesetzliche Strafgewalt. Die Urteile der Nebenrichter tragen dazu bei, ob der Verurteilte im Verlauf des Vollzugs von strafferleichternden Umständen profitieren darf oder nicht.«

Den Postulaten der Aufklärung zu Justiz und Strafe entsprachen bald neue Bauprogramme, die sich in der Schweiz im

19. Jahrhundert durchsetzten. Die nun entstehenden Gefängnisse und Zuchthausbauten nach ausländischem Muster umfassten Einzelzellen, Arbeitssäle und Spazierhöfe. Die Unterbringung zahlreicher Häftlinge erforderte allerdings auch spezielle Maßnahmen, um Fluchten und Meutereien zu verhindern. Strahlenförmig angeordnete Flügelbauten, deren Zellen durch schmale Laufstege erschlossen wurden, erleichterten die zentrale Überwachung. In diesen modernen Zuchthäusern, die an der Peripherie der großen Städte gebaut wurden, gab es meist auch eine Kapelle und Werkstätten sowie die Möglichkeit, sich an der frischen Luft aufzuhalten. Bereits damals wurden auch stadtferne Anstalten gebaut wie Thorberg, die das Augenmerk auf die landwirtschaftliche Mitarbeit der Häftlinge legten. Eine Milderung der Haftstrafen, kombiniert mit landwirtschaftlichem Arbeiten im offenen Vollzug, wurde erstmals in der Strafanstalt Lenzburg praktiziert, die den Betrieb im Jahr 1864 aufnahm, und die Berner Anstalt Witzwil, die aus fünf landwirtschaftlichen Höfen bestand, galt früh als Musterbeispiel einer halb offenen Institution.

Die Entwicklung des Gefängniswesens im 20. Jahrhundert brachte weitere Veränderungen des Strafvollzugs. So wurden Strafanstalten für Ersttäter und solche für Rückfällige geschaffen. Es gab nun den offenen, den halb offenen und den geschlossenen Vollzug. Bis 2006 unterschied das schweizerische Strafrecht zwischen dem Arrest zwischen einem Tag und drei Monaten, den Gefängnisstrafen von mindestens drei Tagen bis zu drei Jahren für Delikte und Zuchthausstrafen zwischen einem und zwanzig Jahren oder – in vom Gesetz ausdrücklich bestimmten Fällen – lebenslänglichen Strafen für schwere Verbrechen. Nachdem im Jahr 2007 das neue Strafrecht in

Kraft getreten war, wurden vorübergehend nur noch 51 Prozent aller verurteilten Personen in den Normalvollzug eingewiesen, viele andere profitierten vom Sondervollzug, der die Halbgefangenschaft, gemeinnützige Arbeit, den elektronisch überwachten Freiheitsentzug und, im Fall von kurzfristigen Strafen, die Geldbuße vorsieht.

Während die Modernisierung im Vollzug in vielfacher Hinsicht voranschritt, blieben die meisten Untersuchungs- und Bezirksgefängnisse einfache Einschließungsanstalten für die durch das Strafprozessrecht geregelte Untersuchungshaft. Die Ansprüche an das beaufsichtigende und betreuende Personal wuchsen aufgrund vielfältiger Belastungen, doch in der Wahrnehmung der Berufskollegen aus dem statushöheren Strafvollzug blieb die Arbeit der Gefängnisangestellten weiterhin auf jene Aufgaben reduziert, die mit dem Aufkommen der Zuchtanstalten im 19. Jahrhundert formuliert worden waren: einsperren und bewachen. Am Bild des Wärters, der vor sich hin pfeifend und den Schlüsselbund schwingend seine Arbeit verrichtet, hatte sich während zweihundert Jahren nicht viel verändert. Dass die Angestellten in diesem Bereich aus den verschiedensten Berufsrichtungen stammten und ihren Dienst ohne Zusatzausbildung sofort antreten konnten, verbesserte weder ihr Image noch dasjenige der Bezirksgefängnisse.

Ich achtete bei Neueinstellungen von Anfang an darauf, dass sich die Bewerber nicht hinter einer einwandfreien Präsentation verstecken konnten. Vor dem Vorstellungsgespräch mussten sie nun zuerst einen Tag arbeitend im Gefängnis verbringen. Im Team wurde dann entschieden, ob eine Festanstellung infrage kam, worauf das eigentliche Bewerbungsverfahren in Gang gesetzt wurde. Als einzige Frau amtete ich auch im Vorstand des Vereins Freiheitsentzug Schweiz (FES). Die Mitglieder dieses Zusammenschlusses von Verantwortlichen der Gefängnisse, Anstalten und Maßnahmezentren tauschten sich über grundsätzliche Fragen und Entwicklungen des Freiheitsentzugs aus, bezweckten jedoch auch die Organisation von Aus- und Weiterbildungsmöglichkeiten. Innerhalb der FES war ich als Präsidentin der Arbeitsgruppe »Ausschaffungshaft« tätig und engagierte mich in einem anderen Gremium zum Thema »Gesundheit im Gefängnis«.

Meine Erkenntnisse aus dem Alltag versuchte ich auch auf einer höheren Ebene umzusetzen, und meine früh gepredigten Ideen fielen auf fruchtbaren Boden. Sie prägen heute den komplexen Anforderungskatalog jener, die sich nun »Fachleute für den Justizvollzug« nennen dürfen. Umfassende Kenntnisse im Grund- und Menschenrecht sind neu gefordert, ebenso wie vertiefte Kenntnisse über psychiatrische Krankheitsbilder und Symptome. Diese Neuerungen trugen zum positiven Imagewandel der ehemaligen »Gefängniswärter« bei. Auch im Rahmen des Schweizerischen Ausbildungszentrums für das Strafvollzugspersonal (SAZ) konnten neue Schulungsangebote initiiert werden, die meiner Meinung nach dringend notwendig bleiben, um die Sicherheit in den Gefängnissen den neuen Verhältnissen anzupassen sowie die Arbeitsbedingungen zu verbessern. Auch schwierige Probleme, die bisher unter der Oberfläche brodelten und als Tabuthemen galten, werden heute thematisiert: Der Suizidprävention im Freiheitsentzug gilt das Augenmerk der Weiterbildung ebenso wie dem speziell geschulten Umgang mit gewaltbereiten Insassen beispielsweise aus Nordafrika. Heute existiert sogar ein Kursangebot mit dem Titel: »Kompetente Gespräche führen in schwierigen Situationen«.

Standard und Bildung im Strafvollzug wurden Schritt für Schritt neu definiert. Imagewandel und Neuerungen änderten allerdings nichts daran, dass die meisten Steuergelder weiterhin in die Vollzugsanstalten und dabei immer öfter in therapeutische Maßnahmen fließen. Der Strafvollzug in der Schweiz kostet heute rund eine Milliarde Franken pro Jahr. Die Therapiekosten stiegen zwischen 2007 und 2011 von vierundvierzig Millionen auf mehr als dreiundneunzig Millionen Franken an. Während ein Platz im Strafvollzug mit vierhundert Franken pro Tag verrechnet wird und in der Sicherheitsabteilung einer therapeutischen Einrichtung mit tausendzweihundert Franken pro Tag zu Buche schlägt, darf die Unterbringung in einem Untersuchungsgefängnis weiterhin nicht mehr als hundertfünfzig Franken kosten.

Philippe Pahud, 47, Mitarbeiter »Aufnahme«

Ich stamme aus einer Gegend, in der verschiedene Strafanstalten schon immer die Landschaft und das Leben der Menschen prägten: Mein Großvater und mein Urgroßvater arbeiteten bereits als Gefängniswärter, wie es damals hieß. Mit den Insassen, die tagsüber in der Landwirtschaft arbeiten mussten, ging man nicht zimperlich um, es hat auch schon mal »geklöpft«. Eine Sanktion war folgende, wie mir mein Großvater berichtete: Man bohrte ein Loch in den Miststock und steckte die Mühsamen dort hinein. Das musste offenbar genau überwacht werden, wegen der Dämpfe und weil es ziemlich warm werden konnte. Wenn die wieder rauskamen, stanken sie natürlich zum Himmel, und der Geruch ging auch nach dem Waschen nicht einfach weg. Als Junge sah ich die »Zuchthäusler« jeden Tag auf den Feldern; gefürchtet habe ich mich vor denen nie. Ich lernte dann Metzger und trat erst vor sieben Jahren in die Fußstapfen meiner männlichen Vorfahren. Optisch sehe ich nicht wie ein Zartbesaiteter aus, und vom Naturell her bin ich eher der nervöse Typ. Natürlich kennt man seinen Charakter in einem gewissen Alter. Dass ich so anständig und so sozial bin, lernte ich allerdings erst als Uniformierter im Gefängnis.

Die Chefin war noch nicht lange im Amt, als ich anfing. Ihr eilte der Ruf voraus, keine typische Gefängnisleiterin zu sein. Was heißt das genau? Unter dem Strich: eine, die vor unpopulären Entscheidungen keine Angst hat und sich eigentlich auch vor sonst nichts fürchtet. In diesem Sinn hat sie viel für die Gefangenen gemacht, allerdings auch für ihre Mitarbeiter: Kleinigkeiten, die Erleichterungen und Freude in den Arbeitsalltag brachten und uns die Motivation gaben, viel zu leisten. Am Samstag, ihrem freien Tag, kam sie zum Beispiel oft kurz vorbei. Sie brachte Blumen oder selbst gebackenen Kuchen mit, wollte wissen, wie es läuft, stand uns mit Rat und Tat zur Seite, kurz, sie verhielt sich so, wie man es in keinem Führungsseminar lernen kann. Unter der Woche stand die Tür zu ihrem Büro immer offen. Miteinander schwatzen, lachen, streiten, diskutieren – das war damals an der Tagesordnung. Heute, wo sie weg ist, wird einem schmerzhaft bewusst, wie gut man es damals hatte. Im Verlauf der Jahre hat sie Ideen umgesetzt, für die ihre Vorgänger zu bequem waren.

Vieles war gut und im Endeffekt eine Entlastung für die Angestellten, aber manche Aktivitäten trieben uns auch zur Weißglut. Nehmen wir die legendären »Schoggistängeli«-Touren, die aufgrund einer Fernsehsendung schweizweit bekannt wurden. Traf sich das Personal mit den Angestellten aus anderen Gefängnissen und Vollzugsanstalten, machten die sich nun lustig über uns: »Und? Habt ihr auch ein paar süße ›Schoggistängeli‹ im Hosensack?« Das war ungünstig für das Image. Oder wir steckten einen Insassen, der extrem dumm tat, in den Bunker, worauf der nach einer Stunde bereits wieder rauchend auf seiner Pritsche lag. Als ich die Chefin einmal fragte, wie das sein könne, antwortete sie: »Weil ich mich darum gekümmert habe.« Solche Aktionen untergruben unsere Autorität im Alltag. Tauchten wir auf den Stockwerken auf, sagten die Gefangenen manchmal: »*Geht weg! Wir wollen mit Frau Pfander reden, die mögen wir besser als euch.*« *Einmal platzte mir der Kragen. Ich stürmte zu ihr ins Büro und wurde ein wenig laut. Unsere Kritik hat sie sich immer angehört und unsere Ansinnen oft auch umgesetzt. Beschwerte sich hingegen der Amtsvorsteher telefonisch über eine Aktion, sagte sie auch schon:* »*Das geht bei einem Ohr rein und beim anderen wieder raus.*« *Sie war eine Nummer: lustig, fair, der beste Chef, den ich jemals hatte. Man wusste immer, woran man mit ihr war. Sie machte, wie es so schön heißt, aus ihrem Herzen keine Mördergrube und war nicht nachtragend. Nur einmal verzieh sie mir nicht sofort; als ich das Gefängnis als* »*Mistbude*« *bezeichnete. Da war sie richtig sauer und ließ es mich auch spüren. Drei Tage lang. Es war so ähnlich, wie wenn an einem strahlend sonnigen Tag die Vorhänge zugezogen werden: nicht schön.*

Am Anfang hatten wir eine riesige Fluktuationsrate, im ersten Jahr kündigten sechsundzwanzig Leute die Stelle, also die Hälfte der gesamten Belegschaft. Viele waren psychisch oder physisch überlastet, und manche wechselten in die Strafanstalten. Die Insassen machen dort weniger Probleme, unter anderem weil es mehr Freizeitaktivitäten und Kontaktmöglichkeiten gibt. Manche dieser Kollegen sagten später, im Vollzug sei es wahnsinnig langweilig. Die waren sich ein anderes Tempo gewöhnt, und die tagtäglichen Probleme, die bei uns gelöst werden mussten, sorgten für Spannung und Abwechslung.

Wenn man die Gefangenen als Menschen wahrnimmt, bedeutet es auch zwangsläufig, dass man sich nicht nur praktisch um sie kümmert, sondern sich auch innerlich engagiert. Die Distanz ist ebenso wichtig wie die Nähe, sonst geschehen ganz dumme Dinge, wie man weiß. Der Chefin warfen manche vor, diese Limiten zu sehr auszudehnen. Das ist Quatsch. Es gab nie ein Problem. Anders als bei männlichen Vorgesetzten aus anderen Anstalten, die verliebten sich auch schon mal in weibliche Gefangene, und andere Skandale hatten sie in der Vergangenheit auch zu verantworten. Davon spricht man dann lieber nicht. Die Balance zu halten, ist nicht immer einfach, das gebe ich gern zu, weil einen die Insassen mit Haut und Haaren verschlingen möchten und einem alle Energie abzapfen, wenn man das zulässt. Die Leute sind hier in Beugehaft, man kann auch sagen, sie werden mürbegemacht, bis ein Geständnis auf dem Tisch liegt oder die Richter sonst zu einem Urteil kommen. Logisch bauen sie in den spartanischen Verhältnissen alle Arten von Frustrationen und Sehnsüchten auf. Einmal flehte mich einer an, ihm eine spezielle Gebäcksorte mitzubringen. Wieso nicht? Es fällt einem kein Zacken aus der Krone, wenn man einem solchen Wunsch nachkommt. Anderes konnte ich aber aus Sicherheitsgründen nicht bewilligen. Man muss jeden Tag Dutzende solcher Entscheidungen treffen. Ich hatte einen lockeren Umgang mit den Insassen und drückte schon mal ein Auge zu, wenn eine Regel nicht stur befolgt wurde: Aus diesem Grund akzeptierten sie dann in einem anderen Moment auch ein Nein. Man respektierte sich trotz der schwierigen Umstände und ging entsprechend anständig miteinander um. Das galt für eine Mehrheit der Insassen, aber leider nicht für alle.

Die Nordafrikaner machten am meisten Probleme, das schleckt keine Geiß weg. Zu Angehörigen anderer Nationen konnte man Kontakte herstellen und an die Vernunft appellieren, doch bei den Leuten aus dem Maghreb erwiesen sich alle Bemühungen als vergeblich. Eine Erklärung dafür gibt es nicht wirklich. Wenn es zu Übergriffen und Ausschreitungen kam, nahmen wir die weiblichen Betreuerinnen sofort aus der

Schusslinie. Körperlich waren die Männer den Frauen vielleicht überlegen, aber die echte Autorität zeigt sich natürlich anders. Die souveränsten Mitarbeiter waren sicher jene, die auch ohne Uniform und Handschellen am Gurt etwas darstellten. Das war nicht bei allen der Fall. Auch bei den Frauen nicht. Es gab ein paar extreme Hardlinerinnen, die wurden von manchen männlichen Insassen regelrecht gehasst. Der Clou war, dass die aus solchen Konflikten entstehenden Aggressionen irgendeinen Angestellten treffen konnten. Mir ist das einmal passiert. Es gab einen Aufstand, die Kollegen gingen grob in die Auseinandersetzung hinein. Ich kam dazu, wollte schlichten und reden, so wie ich es immer tat, weil ich damit stets gut gefahren war. Plötzlich wurde ich von hinten gepackt und gegen ein Fenster geschleudert. Der Angriff traf mich völlig überraschend. Ich riss mir die linke Gesichtshälfte auf und musste anschließend drei Wochen lang zu Hause bleiben. Der Angreifer kam für volle fünf Tage in den Bunker, aber das war kein Trost, der Besserung versprochen hätte.

Manchen Leuten fehlt etwas im Kopf, die rasten dermaßen aus, das verstehe ich nicht. Mit der notorischen Gewaltbereitschaft ist es wie mit manchen strafbaren sexuellen Präferenzen. Das sind keine Krankheiten, die heilbar sind, sondern Neigungen, die man allenfalls unter Kontrolle bekommen kann. Der Wille, niemandem Schaden zuzufügen, hängt mit dem Vermögen zusammen, seine Handlungen zu kontrollieren. Um dies zu erreichen, muss man Eigenverantwortung entwickeln, doch in der oft lang dauernden Untersuchungshaft geschieht eher das Gegenteil: Die Asozialen werden meist noch asozialer.

Vor zwei Jahren erlitt ich einen Herzinfarkt. Mit fünfundvierzig Jahren. Auf die Arbeit will ich den Vorfall nicht schieben. Ich rauchte viel, ernährte mich ungesund und trieb keinen

Sport. Es war allerdings ein Warnschuss, das machten mir die Ärzte klar. Also änderte ich einiges an meinem privaten Lifestyle. Ich wusste aber auch: Wenn ich in der Aufsicht tätig bleibe, holt mich die Hektik des Alltags automatisch ein. Ich kann ja nicht dauernd sagen, dies geht nicht, jenes geht nicht, weil mein Herz schwach ist. Nach sechs Jahren war es sowieso an der Zeit, etwas anderes zu machen. Ich reagierte teilweise gereizt auf die Insassen. Ich verhielt mich verantwortungsbewusst und bat um eine Versetzung. Heute arbeite ich in der Aufnahme und bin für die Koordination der Ein- und Ausgänge zuständig. Der Job gefällt mir, doch das Arbeitsklima hat sich seit dem Weggang der Chefin komplett verändert. Die Strengen, jene, die wissen, wo Gott hockt, und meinen, alles richtig zu machen, haben das Ruder übernommen. Von Herzlichkeit und Toleranz keine Spur mehr. Manche Gefangene gingen nach dem Abgang der Chefin in den vorzeitigen Strafvollzug, andere ließen sich in andere Gefängnisse verlegen, und auch die Fluktuationsrate bei den Angestellten ist erneut hoch. So schnell ändern sich die guten Dinge, die man in jahrelanger Arbeit aufgebaut hat.

Freiheit

Wurde ich in den vergangenen Jahren gefragt, welches Traumgefängnis ich mir wünschen würde, hätte ich die finanziellen Möglichkeiten, um eines zu kreieren, enttäuschte ich mit einer Antwort, die keine neuen Teetassen, keine bunten Gardinen oder einen Fitnessraum vorsah, sondern das Akzeptieren einer Tatsache: nämlich dass die ersten Wochen und Monate in den Untersuchungsgefängnissen für die Eingewiesenen und somit auch für das Personal die anspruchsvollste Zeit des gesamten Freiheitsentzugs darstellen. Während der Strafvollzug in der Schweiz ein nie enden wollendes Diskussionsthema bleibt, unzählige Forschungsprojekte durch den Bund finanziert werden, sich eine wachsende Anzahl von akademischen Fachleuten aus verschiedensten Disziplinen zu den gesetzlichen Grundlagen des Strafvollzugs, seinen Mitteln und Zielen, den Kosten und der Wirkung, den Problembereichen und den Lösungsansätzen widmen, fristen die Gefängnisse ein stiefmütterliches Dasein. Wenn man bedenkt, dass im RGB ein einziger Aufseher für mehr als dreißig Insassen zuständig ist, liegt es auf der Hand, dass der Zeitmangel eine adäquate Betreuung verhindern kann. Erst nach der Urteilsverkündung, also nachdem die Gefangenen in den Straf- oder Maßnahmevollzug eingewiesen worden sind, werden sie als hilfebedürftige, sprich verbesserungswürdige Individuen wahrgenommen. Das ist falsch und ist nicht im Sinn des Grundsatzes, der die öffentliche Sicherheit und den Opferschutz bezweckt.

In meinem Alltag erlebte ich unzählige Gefangene, die anfänglich den Willen zur Besserung zeigten und sich in der Isolation sogar obsessiv mit ihren Taten und ihrem oft genug rätselhaften Verhalten auseinandersetzten. Um zu verstehen, was geschehen war. Um zu verhindern, dass sich Ähnliches jemals wieder zutrage, wie sie mir in den Gesprächen mitteilten. Die Selbsthilfe ist in solchen Fällen beschränkt, weil Menschen in diesen Lebenslagen und insbesondere bei schwerwiegenden Delikten ohne äußeren Input nicht weiterkommen, sich auf Fragen konzentrieren, die falsch sind, Antworten finden, die am nächsten Tag nicht mehr befriedigen und neue Zweifel aufwerfen. Irgendwann realisieren die Reuigen, dass der persönliche Aufwand nichts bringt, weil das Gedachte und Gefühlte keine Resonanz erfährt, man an Ort und Stelle tritt, die Motivation sinnlos wird, die beabsichtigte Besserung für zusätzliche Qualen sorgt, was Erkenntnisse und Schuldgefühle leicht ins Gegenteil umschlagen lässt.

Bei manchen Insassen, die über lange Zeit ohne fachliche Unterstützung blieben, erlebte ich die komplette Verneinung und Verdrängung der Taten, wie bereits erwähnt als Resultat eines lang anhaltenden Schockzustandes, und andere versuchten sich mit List und Tücke aus der Verantwortung zu schleichen. Sie erhielten in der Untersuchungshaft die Möglichkeit, Lügengebilde, abstruse Rechtfertigungen und ein falsches Wertesystem über einen langen Zeitraum hinweg aufrechtzuerhalten und zu festigen. Zwei von vielen Angeschuldigten blieben mir in diesem Zusammenhang in Erinnerung: Ein Insasse beteuerte im Brustton der Überzeugung seine Unschuld, gleichzeitig gab er zu, an den Tatvorbereitungen beteiligt gewesen zu sein. Von meinem Protest ließ er sich über Wochen hinweg nicht beeindrucken, er beharrte auf seiner Meinung: »Ich habe nichts gemacht. Als der Kollege zu Tode geprügelt wurde, stand ich auf der anderen Seite des Hauses und schob Wache.« Und eine notorische Diebin reagierte empört, als ich wissen wollte, wozu ihre kriminellen Taten eigentlich dienten. Kriminell sei sie keineswegs, beschied sie mir mehrfach und uneinsichtig: Sie stehle nur hin und wieder Geld.

Ich klopfte auf den Tisch, wurde laut und erläuterte den Gefangenen meine Haltung in diesen Themen. Doch die Hoffnung, dass sich falsche Meinungen und Gedankengänge so beheben lassen, hegte ich nicht. Mangelnde Hilfe und ein dreiundzwanzigstündiger Einschluss, den die meisten Schweizer Untersuchungsgefängnisse bis heute praktizieren, tragen dazu bei, dass die späteren Ziele des Strafvollzugs – die Resozialisierung der Täter sowie die Verringerung des Rückfallrisikos – zu einem schwierigen Unterfangen werden. Was im Detail notwendig wäre, um die Bedingungen und Voraussetzungen der Untersuchungshaft zu verbessern, wurde mit der Aus- und Weiterbildung des Gefängnispersonals offensichtlich gemacht, und dass man den erweiterten Aufgabenbereichen mehr Bedeutung beimessen muss, liegt auf der Hand. Bleibt der Personalbestand in den Gefängnissen so eingeschränkt wie im RGB, fehlt es jedoch weiterhin an der Möglichkeit, positive Veränderungen umzusetzen.

Je näher meine Pensionierung rückte, desto mehr freute ich mich auf einen Zustand, den ich mir so ähnlich wie eine ewige Ferienreise vorstellte. Ein Leben ohne die Gefangenen und meine Kollegen blieb allerdings abstrakt für mich. Anstatt mich mit der nahen Zukunft zu befassen, Pläne zu schmieden, die mich auf hohe Berggipfel und in ferne Länder bringen würden, organisierte ich ein Abschiedsfest, das Wochen vor meinem eigentlichen Weggang stattfand. Alle Mitarbeiter, meine Vorgesetzten, sogar die alt Regierungsrätin, die mir einst zu diesem Posten verholfen hatte, trafen am frühen Abend im Gefängnis ein. Zwischen Bergen von Häppchen und Weißwein wurden Lobreden gehalten, Blumensträuße und Geschenkgutscheine überreicht. Meine Nachfolgerin war bereits bestimmt, eine tüchtige und kompetente Frau. Ich ermunterte meine Leute, der neuen Chefin mit gutem Willen und ohne Vorurteile zu begegnen und sie zu unterstützen. Womit ich nicht gerechnet hatte: Im Moment, als mein Weggang bekannt wurde, mobilisierten sich jene Kräfte neu, denen meine liberalen Ansätze offenbar ein Dorn im Auge geblieben waren. Entgegen ihrer eigentlichen Gesinnung hatten sie sich angepasst, nun witterten sie Morgenluft. Beim Abschiedsfest prosteten sie mir zu, sprachen nette Wünsche aus, doch in den kommenden Wochen fielen sie mir in den Rücken. Zahlreiche Anliegen der Gefangenen, aber auch grundsätzliche Veränderungen quittierte man nun mit dem Satz: »Wartet, bis die Chefin weg ist, dann können wir so entscheiden, wie wir es für richtig halten.«

Mein baldiger Weggang hatte sich auch unter den Insassen wie ein Lauffeuer herumgesprochen. Die gelben Zettel, auf denen sie ihre Wünsche formulierten, darunter auch viele Gesprächsanfragen, häuften sich auf meinem Tisch. Da ich nicht wusste, ob und in welcher Art und Weise meine Nachfolgerin die Kontakte mit den Insassen pflegen würde, versuchte ich, in der verbleibenden Zeit so viele kleine Wünsche wie möglich zu erfüllen, und meldete mich bei jenen, die mir Briefe schrieben. Wehmut schlich sich in die anfängliche Abschiedsfreude. Einmal mehr wurde mir bewusst, wie einsam die meisten sind. Viele hatten in den vergangenen Monaten und Jahren auf mich und mein Team gezählt und äußerten nun Angst vor einer unsicheren Zukunft. Andere erfreuten mich mit Zeilen, die gute Absichten zum Ausdruck brachten, so auch ein Kleinkrimineller, der bereits jahrelang im RGB ein und aus ging: »Jetzt, wo Sie weggehen, gibt es für mich keinen Grund mehr, um ins Gefängnis zurückzukehren.«

Ich arbeitete mehr denn je und hielt gleichzeitig eisern an meinen Routinen fest. Dazu gehörte auch, dass ich die Mittagspause jeweils außerhalb der Gefängnismauern verbrachte. Es war bereits Dezember. Das Jahr neigte sich dem Ende entgegen, und Weihnachten – mein liebstes Fest – stand vor der Tür. Zu Hause häuften sich Dutzende von Geschenken, viele Rollen Packpapier und Seidenbänder in allen Farben. Die Fenster waren mit Schneesternen verziert, die Wohnung mit Windlichtern und Tannenzweigen verschönert, und ich befasste mich bereits mit Menü-Ideen, um den großen Familienanlass zu feiern.

Anders als für mich, handelte es sich für viele Gefangene um die schwierigsten Wochen des Jahres. Die Erinnerungen an bessere Zeiten, aber auch die vielen Facetten von Verlust wogen in dieser Zeit besonders schwer. Die meisten brachten das Weihnachtsfest mit Düften und Klängen, dem Beweis von Zuneigung und einem kerzenerleuchteten Tannenbaum in Verbindung und sehnten diese idyllischen Zustände ohne Hoffnung auf Erfüllung herbei. In den vergangenen neun

Jahren hatte ich die Männer in der Adventszeit stets ermuntert und darin unterstützt, mit jenen Menschen in Kontakt zu treten, die ihnen helfend zur Seite stehen könnten. Zu lang zurückliegenden Erinnerungen an Weihnachten ließ ich sie Texte verfassen und Zeichnungen anfertigen. Einmal entstand eine bebilderte Broschüre mit unzähligen Geschichten, die ich ihnen am Heiligabend aushändigte. Ebenfalls hatte ich dafür gesorgt, dass am 25. Dezember jeweils eine Sängergruppe mit Musikanten der Heilsarmee auf den Etagen Weihnachtslieder vortrug. Für mich war es selbstverständlich, dass ich an diesem Anlass teilnahm, und so traf ich an diesem Morgen jeweils vor sieben Uhr im Gefängnis ein und mischte mich unter die Singenden. Was bei den einen für Freude und Ablenkung sorgte, provozierte bei den moslemischen Insassen manchmal lautstarken Unmut. Das brachte ihnen prompt eine Standpauke ein: Wenn sie den Ramadan feiern durften und ich bereits vor Jahren dafür gesorgt hatte, dass sie sich nicht wie bis anhin mit einer abgekühlten Mahlzeit begnügen mussten, sondern exakt nach Sonnenuntergang ein frisches und heißes Essen serviert bekamen, dann sollte auch ein christliches Fest akzeptiert werden, wies ich sie zurecht.

In Gedanken vertieft, schlenderte ich bei eisiger Kälte über den Weihnachtsmarkt. Ich griff nach einem winzigen Engel aus Ton und ließ mir von einer Marktfrau eine Holzbox aus poliertem Olivenholz vorführen, die über ein Geheimfach verfügte. Ich kaufte Kekse in Nikolausform, die mit winzigen Silberperlen bestreut waren, und lachte schließlich Tränen über eine sich schüttelnde Plüschfigur, die nachsprach, was man sagte, und ließ sie »Chischte-Mami« krächzen. Zurück im Gefängnis, ergriff mich ein eigenartiges Gefühl, denn ich wusste, dass das Adventssingen ebenso wie andere Aktionen bereits der Vergangenheit angehörten und ein festliches Kerzengesteck, das ich im Eingangsbereich der Loge sicher hinter Glas platziert hatte, in der Stunde meines Weggangs weggeräumt würde.

Am nächsten Tag verabschiedete ich mich von den Gefangenen, versuchte ein letztes Mal, meinen Einfluss geltend zu machen, sprach Ermahnungen aus, brachte einen Insassen dazu, ein Geständnis abzulegen, und verhalf einem anderen zu einem Lächeln. Einige musste ich in Sorge zurücklassen, unsicher, ob sie auch künftig erfahren würden, was mir stets das Wichtigste gewesen war und auch meinem Großvater gefallen hätte: dass ihre Würde als Mensch geachtet blieb. Meine Familie wusste, wie schwer es mir fiel, mein Team zurückzulassen und alles, was ich in guten Absichten aufgebaut hatte. Schwestern, Kinder und mein Enkel erwarteten mich, bereit, mir über den größten Abschiedsschmerz hinwegzuhelfen. Ich gab alle Schlüssel ab. Am Silberring baumelten, nun etwas verloren, unzählige Plüschtierchen, manche schmutzig, andere durch das tausendmalige Anfassen abgenutzt und zerschlissen. Ich beschloss, das Andenken für immer aufzubewahren, verpackte meine Habseligkeiten und trug den überquellenden Karton mit über fünfhundert Briefen und Zeichnungen zum Auto. Ich blickte an der Fassade des wurstroten Gebäudes hoch. Schneeflocken wirbelten durch die Luft. Von weit her drangen die Klänge einer Drehorgel in den Hof. Ich berührte die eiskalten Gitterstäbe vor meinem Bürofenster. Dann trat ich den Gang in meine Freiheit an.

Interview mit Thomas Freytag

Der Jurist Thomas Freytag, 43, ist Vorsteher des Amtes für Straf- und Maßnahmenvollzug und Gefängnisse des Kantons Freiburg (www.fr.ch/asmvg) und Präsident des Vereins Freiheitsentzug Schweiz (FES; www.f-e-s.ch), der die Interessen der Leiter/-innen und Direktoren/ -innen der Anstalten und Gefängnisse der Schweiz vertritt. Ebenfalls amtet er als Präsident des Vereins der Einweisungs- und Entlassungsbehörden der Westschweizer Kantone (ALAP).

»Schlimmer als zehn Peitschenhiebe«

Thomas Freytag spricht über die Gründe und Konsequenzen der gegenwärtigen Überbelegung in manchen Schweizer Untersuchungsgefängnissen. Die Fragen – was will man mit dem Wegsperren erreichen, und wie sinnvoll ist diese Art der Bestrafung? – müssten in diesem Zusammenhang neu gestellt und diskutiert werden, fordert der »oberste Gefängnisdirektor« des Landes.

Herr Freytag, rund siebentausend Menschen befinden sich in der Schweiz zurzeit in Untersuchungshaft oder sitzen ihre Strafen im Vollzug ab: Um wen handelt es sich bei diesen Männern und Frauen?
Thomas Freytag: Zum großen Teil um Delinquenten aus den Bereichen Vermögensdelikte, Betäubungsmitteldelikte und Delikte gegen das Straßenverkehrsgesetz, aber natürlich auch um Menschen, denen schwerwiegendere Taten zur Last gelegt werden. Eine Neuheit unserer Zeit ist sicher, dass es sich bei rund siebzig bis achtzig Prozent aller Untersuchungsgefangenen und auch bei einem großen Teil jener, die im Vollzug sind, um Menschen mit einem Migrationshintergrund handelt. Dieser Umstand hängt mit der enormen Zunahme der Mobilität, aber auch mit der Anziehungskraft zusammen,

die ein reiches Land wie die Schweiz auf jene ausübt, die weniger haben.

Gibt es Deliktbereiche, in denen die Schweizer ebenso kriminell sind wie die Ausländer?
Absolut. Gerade bei den schwerwiegenden Verbrechen, etwa den Gewalt- und Sexualdelikten, sind Schweizer Täter ebenso häufig vertreten wie jene mit einem Migrationshintergrund.

Sind die Schweizer in den vergangenen Jahrzehnten weniger kriminell geworden?
Die Schweizer Bevölkerung hat in den letzten zwanzig Jahren um 500 000 Menschen zugenommen. Im Jahr 1990 wurden rund 30 000 Schweizer wegen eines Verbrechens oder Vergehens verurteilt, im Jahr 2010 waren es rund 45 000 Schweizer, was einer Zunahme um fünfzig Prozent entspricht. Betrachtet man allerdings nur die Verstöße gegen das Schweizer Strafgesetzbuch, also unter anderem die schweren Delikte gegen Leib und Leben, ist die Kriminalität bei den Schweizer Bürgern unter Berücksichtigung der Bevölkerungszunahme kaum angestiegen. Schweizer Delinquenten »profitieren« heute auch vermehrt von den Möglichkeiten des alternativen Strafvollzugs: Anstatt ins Gefängnis zu gehen, bezahlen sie Geldbußen, oder sie leisten gemeinnützige Arbeit.

Inwiefern ist der Justizvollzug auch ein Abbild der Zustände im Land und der jeweiligen Gesellschaft?
Wenn man an die frühen 1990er-Jahre zurückdenkt, war zum Beispiel die ungelöste Drogenproblematik ein Riesenthema, und dementsprechend kamen viele Junkies aufgrund der Be-

schaffungskriminalität mit dem Gesetz in Konflikt. Heute gibt es die Substitution und ein großes Hilfsangebot, darum sind diese Leute nun weniger häufig in den Gefängnissen und Strafanstalten anzutreffen. Wenn man die Schweiz heute ansieht, kann man sagen: Wir sind ein reiches, ein privilegiertes Land, und in den Gefängnissen befinden sich mehrheitlich jene, die durch alle sozialen und finanziellen Maschen gefallen sind.

Das klingt harmlos. Sprechen die Statistiken über die schweren Verbrechen nicht eine andere Sprache?
Die schweren Gewaltdelikte gibt es natürlich weiterhin. Aber auch hier muss man differenzieren. So haben die Verurteilungen wegen Raubes in den letzten Jahren zugenommen. Im Bereich der sexuellen Handlungen mit Kindern sind sie heute auf einem ähnlichen Niveau wie Anfang der 1990er-Jahre, hingegen sind jene wegen Vergewaltigungen von Erwachsenen im gleichen Zeitraum markant angestiegen. Selbstverständlich und verständlicherweise wird jedes Delikt aus der Opferperspektive als schwerwiegend wahrgenommen. Aber im Vergleich zur Gesamtzahl der Verurteilungen sind die »schweren Verbrechen« bei weitem nicht so prominent vertreten, wie es in der Öffentlichkeit wahrgenommen wird.

Warum sind so viele Ausländer kriminell?
Weil sie sehen, was die Schweiz zu bieten hat und was die anderen besitzen. Das wollen sie ganz einfach auch haben. Raubüberfälle und Vermögensdelikte sind daher häufig, aber auch der Drogenhandel ist verbreitet. Zudem gibt es sehr viele Kriminaltouristen, die in den hiesigen Anstalten inhaftiert

sind: Sie kommen hierher und meinen, mit Einbrüchen schnell zu Geld zu gelangen, um sich in der Heimat etwas aufbauen zu können. Dann gibt es die Asylsuchenden oder die »Sans-Papiers«, die entweder aus materieller Not oder aus dem Bedürfnis nach dem schnellen Glück kriminell werden. Viele »Illegale« kommen in Ausschaffungshaft und können nicht zurückgeschafft werden, weil die Heimatländer sie nicht zurücknehmen. Nach der Freilassung in der Schweiz tauchen sie also wieder in die Illegalität ab. Die Dunkelziffer ist sehr groß. Es handelt sich dabei um ein ungelöstes Problem, denn abgesehen von der freiwilligen Ausreise existiert keine Alternative, und von einer freiwilligen Rückkehr wollen die meisten nichts wissen.

Einerseits fehlen zurzeit tausend Plätze im Vollzug, andererseits machen die Insassen in der Untersuchungshaft dem Gefängnispersonal den Arbeitsalltag schwer: Gibt es einen Zusammenhang zwischen den beiden Problematiken?
Ich sehe keinen direkten Zusammenhang zwischen den Themen, aber es versteht sich von selbst, dass mit dem Freiheitsentzug Frustration und eine gewisse Perspektivlosigkeit einhergehen. Übergriffe auf das Personal und genauso verbale Ausfälligkeiten sind an der Tagesordnung, aber auch gravierende Selbstverletzungen unter den Insassen. Kommt dazu, dass es immer mehr Leute gibt, die mit Antidepressiva und Neuroleptika behandelt werden müssen und damit nicht zu den pflegeleichten Klienten gehören.

Gibt es tatsächlich mehr psychische Störungen oder einfach mehr Diagnosen, die jede Marotte zu einem Krankheitsfall machen?

Das ist die Frage. Auch im Leben in Freiheit haben die psychiatrischen Diagnosen offenbar explosionsartig zugenommen, dies kommt genauso hinter Gittern zum Ausdruck. Die Feststellung im Strafvollzug ist jedenfalls eindeutig: Es gibt immer mehr Selbstverletzungen und psychische Auffälligkeiten und ergo eine starke Zunahme bei den psychiatrischen Behandlungen.

Reagieren jene Verurteilten, die nicht in den Vollzug verlegt werden können, weil es an Plätzen fehlt, auch darum nervös und aggressiv, weil sie monatelang, manchmal sogar jahrelang in den kargen Verhältnissen der Untersuchungshaft bleiben müssen?
Dies trägt sicher zur Problematik bei. Dabei muss gesagt werden, dass das gesellschaftliche Bedürfnis nach Sicherheit heute sehr groß ist, und dieser Umstand ist mitverantwortlich dafür, dass manche Täter länger im Vollzug bleiben und somit die Plätze länger belegen, als es vielleicht noch in früheren Jahren der Fall gewesen ist. Auch Vollzugslockerungen, wie Urlaub oder weniger strenge Haftregime, gibt es vor diesem Hintergrund immer weniger, weil bei der Beurteilung der Voraussetzungen strengere Kriterien angewendet werden. Bei den ausländischen Häftlingen, die voraussichtlich nach der Haft auch die Aufenthaltsgenehmigung verlieren, verzichtet man zudem immer öfter gänzlich auf Resozialisierungsmaßnahmen. Diese Leute stehen nach der Haftentlassung, sofern sie denn nicht ausgeschafft werden können, ohne Bewährungshilfe und ohne jegliche Kontrolle vor dem Gefängnistor und tauchen natürlich sofort ab. Hinter Gittern haben sie sich mit ziemlicher Sicherheit nicht gebessert, das heißt, ihre Situation hat sich nach der Entlassung nicht

wirklich verändert, und die Gefahr ist groß, dass sie rückfällig werden.

Die Problematik der Überbelegung im Vollzug kündigte sich seit Jahren an, weshalb wurde nicht rechtzeitig reagiert?
Es gibt verschiedene Gründe. Einerseits hoffte man darauf, dass es sich um ein Phänomen handelt, das wieder abflaut, da der Strafvollzug als Thema wenig attraktiv ist. Andererseits steht die Problematik nicht an oberster Stelle der politischen Agenda. Wenn es um die Finanzierung neuer Anstalten geht, werden in den Kantonsparlamenten regelmäßig Stimmen laut: Das Geld sei nicht vorhanden, und man wolle nicht schon wieder für die Ausländer im Gefängnis Geld ausgeben. In einigen Kantonen, zum Beispiel in Bern, Aargau, Basel, Freiburg und Zürich, wurden hingegen neue Vollzugsplätze geschaffen. Weitere Projekte sind in Vorbereitung.

Die Idee, dass Gefängnisse und Vollzugsanstalten künftig von Privaten finanziert und geführt werden, stieß bei Pensionskassen und Politikern sofort auf großes Interesse. Was halten Sie davon?
Nichts. Mein Staatsverständnis geht in die Richtung, dass die Privatisierung ihre Grenzen hat. Der Freiheitsentzug als besonders heikler Bereich der staatlichen Tätigkeit soll darum eine staatliche Aufgabe bleiben. Der Staat hat das Gewaltmonopol und muss dafür verantwortlich sein. Er muss dieses mit Augenmaß und unter Wahrung der Verhältnismäßigkeit und der Menschenrechte ausüben. Der Staat kann diese Tätigkeit nicht einfach aus Kostengründen an Private delegieren. Es handelt sich um eine eigentliche Kerntätigkeit des staatlichen Handelns.

Mit dem alternativen Strafvollzug oder auch der Umwandlung von Kurzstrafen in Geldbußen meinte man, eine Entlastung der Betriebe herbeiführen zu können. Aus welchen Gründen hat das nicht geklappt?
Weil die meisten Leute, die heute in den Gefängnissen sitzen, keine finanziellen Mittel haben, um eine Freiheitsstrafe abzuwenden, indem sie eine hohe Geldbuße bezahlen. Die meisten Gefängnisinsassen erfüllen die Bedingungen für den alternativen Strafvollzug schlicht nicht, weil sie hier nicht über ein festes Domizil verfügen, weil sie kein oder kein genügend hohes Einkommen haben oder weil ihnen die Aufenthaltsbewilligung entzogen worden ist. Nach 2007, als das neue Strafrecht in Kraft trat, wurden durchaus viele solcher alternativer Strafen ausgesprochen. Wenn aber die gemeinnützige Arbeit nicht geleistet oder die Bußen nicht bezahlt werden, hat man diese Leute über kurz oder lang erneut in den Gefängnissen.

Die Lage ist in vielen Untersuchungsgefängnissen prekär: Manche Institutionen sind übervoll, das Personal ächzt unter den schwierigen Bedingungen, und die Gefängnisaufseher leiden unter einem Imageproblem.
Obwohl der Aufgabenbereich der Aufsicht und Betreuung im Gefängnis heute umfassend ist, benötigen solche Veränderungen viel Zeit. Anderseits stellen wir fest, dass der Job enorm begehrt ist. Haben wir entsprechende Stellenangebote, zumindest im Kanton Freiburg, melden sich Dutzende von Bewerbern. Diese müssen heute über die obligatorische Schulbildung, eine abgeschlossene Erstausbildung, Sozialkompetenzen und Fremdsprachenkenntnisse verfügen und werden im Umgang mit den Insassen in der Untersuchungs-

haft fortlaufend geschult. Zudem durchlaufen die Justizvollzugsangestellten eine zweijährige berufsbegleitende Ausbildung am Schweizerischen Ausbildungszentrum für das Strafvollzugspersonal (SAZ).

Der Verein Freiheitsentzug Schweiz (FES) bietet in Zusammenarbeit mit dem SAZ auch Weiterbildungskurse für den Umgang mit den offensichtlich gewaltbereiten Männern aus Nordafrika an: Was wird in solchen Kursen vermittelt?
Beispielsweise erklärt ein Psychologe mit nordafrikanischen Wurzeln, wie mit kulturell bedingten Verhaltensweisen umgegangen werden kann beziehungsweise wie diese zu deuten sind. Das fördert das Verständnis beim Personal, und daraus können Handlungsstrategien abgeleitet und gelernt werden.

Bringt das etwas?
Auch wenn es für Außenstehende so klingen mag, als würde man jenen Insassen, die als Problemfälle gelten, noch zweimal über den Kopf streicheln: Wir haben den Auftrag, alle lebend und bei guter Gesundheit wieder aus dem Gefängnis zu entlassen und Rückfälle möglichst zu verhindern. Dafür müssen wir auch auf deeskalierende Maßnahmen setzen. Selbstverständlich gibt es aber gefängnisintern auch verschiedene Disziplinarmaßnahmen, die gegebenenfalls zum Tragen kommen.

Oft können die neu erlangten Kompetenzen im Gefängnisalltag nicht angewendet werden, weil zu wenig Personal sämtliche Aufgaben unter Zeitdruck erledigen muss: Stimmen Sie dieser Aussage zu?
Im Regionalgefängnis Bern trifft das wohl zu, in anderen Untersuchungsgefängnissen ist die Lage besser und manchmal

noch schlechter, es variiert von Kanton zu Kanton. Wenn nicht genügend Personal vorhanden ist, kann immer nur das Minimum geleistet werden. Es ist klar: Wenn in den nächsten Jahren tausend neue Haftplätze geschaffen werden, müssen die Verantwortlichen nebst den Baukrediten bei der Finanzierung auch rund fünfhundert neue Arbeitsstellen einplanen.

Wieso wurde das Personal in Untersuchungsgefängnissen, in denen eine Betreuungsperson für dreißig Insassen zuständig ist, bis heute nicht aufgestockt?
Es sind wohl finanzielle Überlegungen, die das verhindern. Das Bedürfnis nach mehr Personal muss gegenüber dem Amtsleiter formuliert werden, der muss das Anliegen gutheißen, bevor es beim Regierungsrat und allenfalls im Großen Rat durchgepaukt werden kann. Dass eine Personalaufstockung im RGB fällig wäre, scheint für mich aber klar.

Das RGB wurde »Bienenhaus« genannt, seit einigen Jahren platzt es aus allen Nähten und erhielt den Übernamen »Pulverfass«: Sind unzufriedene, weil tendenziell unterversorgte Insassen auch ein Sicherheitsrisiko?
Das ist eine Tatsache und liegt auf der Hand. Ein anderes Beispiel: Im Genfer Untersuchungsgefängnis Champ-Dollon, das für dreihundertfünfzig Insassen konzipiert worden ist, warten zurzeit achthundertfünfzig Leute auf ein Urteil oder die Verlegung in den Vollzug. Die Männer und Frauen schlafen teilweise auf Matratzen in Sechserzellen am Boden, was per se nicht extrem tragisch wäre. Allerdings müssen solche Verhältnisse aus Sicht der Sicherheit als hochriskant bezeichnet werden.

Sie haben in diesem Zusammenhang einmal einen Verweis auf südamerikanische Verhältnisse gemacht: War das eine Anspielung auf die dort häufig stattfindenden Revolten mit vielen Toten und Schwerverletzten?
Ich dachte dabei eher an eine Vorstufe: die Clan-Bildung. Es ist ein Missstand, der sich nur schwer kontrollieren lässt, weil er im Geheimen stattfindet. Wenn einzelne Gruppen entstehen, die verdeckt untereinander agieren, ist das Risiko vorhanden, dass sie eines Tages die heimlichen Herren im Haus sind. Das kann weitreichende und katastrophale Folgen haben: Wenn die Zustände in einem übervollen Gefängnis außer Rand und Band geraten, dann nützen auch die dicksten Mauern nichts mehr.

Ist es ein Wunder, dass bis auf ein paar Fluchten bisher nicht mehr geschehen ist?
Das kann man sagen. Und zum Glück arbeiten wir mit motiviertem und gut ausgebildetem Personal zusammen. Aber es ist eine Tatsache: Auf der politischen Ebene wird oft erst reagiert, wenn etwas schiefgegangen ist.

Für den Vollzug werden Hunderte von Millionen Franken ausgegeben, aber in den Gefängnissen wird jeder Franken zweimal umgedreht: Ist das in der heutigen Situation ein Fehler?
Die Lebensbedingungen in der Untersuchungshaft sind in den einzelnen Kantonen verschieden: In der Westschweiz ist es üblich, dass die Insassen bereits dort arbeiten können. Jedes Untersuchungsgefängnis kann zudem morgen Veränderungen einführen, wenn die Verantwortlichen diese Anliegen auf politischer Ebene unterstützen. Das ist meiner Meinung nach der springende Punkt. Man darf aber die beiden Insti-

tutionen U-Haft und Vollzug nicht gegeneinander ausspielen und nicht vergessen, dass die eigentlichen Aufgaben vom Gesetzgeber definiert worden sind.

Können Sie diese Aufgaben kurz erläutern?
In der U-Haft ist der Auftrag weniger differenziert als im Vollzug: Der Angeschuldigte soll nicht flüchten, keine weiteren Delikte begehen, er soll sich nicht mit anderen Gefangenen, die in denselben Fall verwickelt sind, austauschen können, und er soll den Menschenrechten entsprechend behandelt werden. Weiter ist dieser Auftrag nicht definiert. Wenn er nach dem Urteil in den Vollzug verlegt wird, ist der Auftrag ein anderer. Nun geht es um Bildung und Weiterbildung, Arbeit, Therapie und um die Senkung der Rückfallgefahr: Wiedereingliederung, Kompetenzenförderung, Vorbereitung auf die Entlassung. Erst im Vollzug werden die Insassen als verbesserungswürdige Individuen wahrgenommen, und in diesem Sinn wird viel geboten, damit die Leute später in Freiheit bestehen können und nicht rückfällig werden.

Schaut man sich die Statistiken über die rückfälligen Straftäter an, stellt man fest, dass die Zahlen hoch sind: Bringen die Maßnahmen im Strafvollzug weniger als gewünscht, oder ist dieser Eindruck falsch?
Auch die Kriminologen sind sich in dieser Frage nicht einig, und die Studien sind teilweise widersprüchlich. Beim Verbesserungsgedanken handelt es sich um eine »Neuerung«, die aus dem letzten Jahrhundert stammt. Was man sich vom Resultat verspricht, ist auch nicht immer völlig klar. Was will man mit dem Wegsperren erreichen, und wie sinnvoll ist diese Art der Bestrafung? Solche und andere Fragen dürfen durchaus

gestellt werden. Ich finde sogar: Sie müssen immer wieder neu diskutiert und beurteilt werden.

Welche anderen Fragen müssten in diesem Zusammenhang noch gestellt werden, und welche Antworten gibt es?
Ob es Sinn macht, für einen Platz im Therapievollzug pro Tag bis zu tausend Franken auszugeben, ob die Kosten gerechtfertigt sind und vor allem auch, wann genau man von einem Therapieerfolg sprechen kann. Ab wann »lohnt« sich der ganze Aufwand? Wenn zehn Gewaltverbrecher nicht mehr rückfällig werden oder bereits ab einem einzigen? Auch die Kosten eines Rückfalls sind unbekannt. Diese Fragen führen schließlich zu einer einzigen Überlegung: Wie viel ist ein gerettetes Menschenleben wert? Wie viel wollen wir dafür aufwenden? Zu den zuvor genannten Themen existieren meines Wissens keine Langzeitstudien, die Aufschluss gäben, und die Beantwortung dringlicher Fragen bleibt somit schwierig.

Bisher, so entstand der Eindruck, wurden auch Häftlinge, die nicht über jeden Zweifel erhaben waren, in den Freigang geschickt und beinahe grundsätzlich vorzeitig aus der Haft entlassen. Eine neue Initiative soll nun Abhilfe schaffen. Was halten Sie davon?
Dieses Volksbegehren fordert eine Haftung bei »Rückfällen von Sexual- und Gewalttätern«. Die Haftungsforderung richtet sich an Richter, Gutachter, aber vor allem auch an die Vollzugsbehörden, die Haftlockerungen oder Entlassungen bewilligen. Kommt es durch einen »Fehlentscheid« zu einem Rückfall des Täters, indem dieser erneut jemanden tötet, schwer verletzt oder vergewaltigt, würde dies zu einer persönlichen Haftung des betroffenen Beamten führen; je nach Kanton können dies

auch die zuständigen Regierungsräte sein. Diese Haftung wäre nicht nur finanzieller Natur, sondern gemäß dem Initiativtext würden die Betroffenen automatisch auch ihr Amt, ihre Stelle verlieren beziehungsweise würde das bestehende Arbeitsverhältnis von Amtes wegen aufgelöst, und dies auch im Fall, wenn der Entscheid sorgfältig und unter richtiger Anwendung der Gesetze gefällt worden ist. Sollte die Initiative durchkommen, würde dies bedeuten, dass künftig immer zu Ungunsten der Verurteilten entschieden wird, weil die Entscheidungsträger sonst ihre Arbeitsstelle aufs Spiel setzen.

Würden also auch mehr lebenslange Verwahrungen ausgesprochen?
Für die lebenslange Verwahrung gelten bis anhin zu Recht sehr hohe Hürden. Bis man mit größter Wahrscheinlichkeit sagen kann, dass ein Täter dauerhaft nicht therapierbar ist, braucht es viel, und darum stellt diese Diagnose bisher kaum ein Gutachter. Ob die Initiative zu einer Erweiterung der Anwendung der lebenslangen Verwahrung führen wird, ist zweifelhaft. Es geht vielmehr darum, dass unser Strafvollzugssystem, das eine progressive, also stufenweise Wiedereingliederung der Täter vorsieht, nicht mehr angewendet würde und auch nicht mehr anwendbar wäre. Das heutige Strafgesetzbuch müsste also im Bereich Straf- und Maßnahmenvollzug neu geschrieben werden.

Was bedeutet es für die Gefangenen, wenn die Initiative angenommen wird?
Wenn die Initiative angenommen würde, käme kein Gefangener aus den erwähnten Bereichen mehr auf freien Fuß: weil immer ein, wenn auch noch so kleines Risiko besteht, dass

jemand wieder eine Straftat begeht. Wenn man diese Initiative annehmen will, muss man die riesigen Konsequenzen in Kauf nehmen, denn die Infrastruktur der Anstalten und Gefängnisse müsste abermals massiv erweitert werden. Das kostet sehr viel Geld, doch davon wird nicht gesprochen. Und zudem geht vergessen, dass es die hundertprozentige Sicherheit nicht gibt.

Die wird auch nicht erwartet, jedoch eine größtmögliche Sicherheit: In den Fällen Marie S., Lucie Trezzini und Adeline M. ebenso wie bei länger zurückliegenden Katastrophen wurden ganz offensichtlich Fehler gemacht, doch zur Rechenschaft gezogen wurden die wenigsten Verantwortlichen. Ist diese Initiative die Reaktion darauf?
Vielleicht, aber meiner Meinung nach ist sie nicht die richtige Lösung. Zudem ist es bereits heute Realität, dass verantwortliche Personen infolge der oben erwähnten Rückfälle ihre Stelle verloren haben. Jedoch ist dies heute nicht die automatische Konsequenz, sondern es findet in der Regel vorgängig eine genaue Untersuchung der Vorfälle statt. Wenn man allen Delinquenten im Voraus die Möglichkeit zur Besserung abspricht, ist dies nicht im Sinn der heute geltenden gesetzlichen Bestimmung. Im Bereich der Freigänge geht es zum Beispiel nicht um eine Entlassung, sondern »nur« darum, ob ein Gefangener einige Stunden in Freiheit verbringen kann.

Gerade in dieser Freiheit geschahen furchtbare Taten. Sind die Freigänge nicht zu riskant?
Dazu muss man sagen: Der Freigang dient nicht dazu, dem Gefangenen ein paar unbeschwerte Stunden zu verschaffen, sondern es geht um die Vorbereitung auf eine spätere Frei-

heit, in der er niemandem mehr Schaden zufügen soll und sich integrieren muss. Um diese Entlassung mit gutem Gewissen aussprechen zu können, muss die verurteilte Person zuvor in kleineren Schritten beweisen, dass ihr Vertrauen geschenkt werden kann.

Was ist mit den heute verfügbaren Prognoseinstrumenten zur Beurteilung des Rückfallrisikos bei Straftätern?
Sie eignen sich für psychiatrische und kriminologische Gutachten und Gefährlichkeitsabklärungen. Es gibt heute sehr gute Prognoseinstrumente, die mit einer guten Wahrscheinlichkeit eine Vorhersage über künftiges Verhalten erlauben. Eine Vorhersage kann und wird aber nie zu hundert Prozent richtig sein. Nimmt man beispielsweise die Sexualdelinquenten: Diese sind im Gefängnisalltag oft problemlos. Das verwundert nicht weiter, gibt es im Gefängnis doch keine Frauen und keine Kinder, also keine potenziellen Opfer. Die Gefahr eines neuen Fehlverhaltens ist also quasi inexistent. Solche Täter verhalten sich oft ruhig und angepasst. Die Probleme können erst wieder beginnen, wenn sie in Freiheit sind und in heikle Situationen geraten, denen sie sich verantwortungsbewusst stellen müssen. Der eigentliche Test findet immer erst in Freiheit statt. Dort wird sich zeigen, ob eine Verbesserung tatsächlich stattgefunden hat oder nicht.

Wie viele Täter sind denn heute in der sogenannten kleinen Verwahrung nach Artikel 59 des Strafgesetzbuches untergebracht, die nach fünf Jahren neu beurteilt werden muss?
In den großen Anstalten wie Lenzburg, Pöschwies und Thorberg sind zwanzig bis dreißig Prozent aller Insassen in einer kleinen Verwahrung untergebracht oder in der lebenslangen

Strafe. Es handelt sich meist um Täter, die eine schwere Körperverletzung, einen Raub oder Sexualdelikte begangen haben und bei denen für den Tatzeitpunkt eine Diagnose vorhanden war. Die Praxis der Entlassungsbehörden bei der jährlichen Überprüfung der bedingten Entlassung wird seit mehreren Jahren restriktiver. Eine Untersuchung in verschiedenen Kantonen hat gezeigt, dass nur jeweils ein einstelliger Prozentsatz bedingt entlassen wurde. Zwischen 2009 und 2012 wurden 464 Männer und 45 Frauen zu einer 59er-StGB-Maßnahme verurteilt. Im gleichen Zeitraum wurden aber nur 136 Männer und 10 Frauen bedingt entlassen.

In Zusammenhang mit anderen Fällen sprach man in der Schweiz von Kuscheljustiz, und die Haftanstalten präsentierten sich eher als Wohlfühloasen denn als Ort der Bestrafung. Wie hart muss der Vollzug sein?
Wenn man davon ausgeht, dass neunzig Prozent aller Inhaftierten irgendwann wieder rauskommen, und man die Zukunft dieser Leute auch zur Sicherheit der Gesellschaft in Bezug setzt, dann muss der Gedanke der Härte natürlich anders überdacht werden als noch vor hundert Jahren. Die Härte zeigt sich nicht darin, dass man die Leute bei Wasser und Brot hält, sondern darin, dass sie sich mit ihren Delikten, den Schäden, die sie verursacht haben, auseinandersetzen und Verantwortung übernehmen müssen.

Beim Einsperren in eine Zelle sprechen Philosophen von einer Bestrafung der Seele. Wie schlimm ist diese Strafe in Ihrer Erfahrung?
Der Anspruch, dass sich der Kriminelle verbessert, basiert im heutigen Strafsystem nicht auf Freiwilligkeit. Nicht jeder In-

sasse bringt die gleichen Voraussetzungen mit, und sicher empfinden einige diese Art der Sanktion als schwerwiegender, als wenn sie zehn Peitschenhiebe erdulden müssten. So hart muss der Knast aber sein und auch bleiben. Eine gute Infrastruktur und eine angemessene Betreuung ändern auch nichts daran, dass dem Menschen die Freiheit entzogen worden ist und er sich in der Staatsgewalt befindet. Das ist für viele eine extreme und verändernde Erfahrung.

Auch weil die Freiheit heute so viel mehr beinhaltet als noch vor hundert Jahren?
Das enge Korsett von Arbeit und Familie wurde erweitert. Man kann verreisen, man kann seinen Horizont erweitern, man hat tausend Möglichkeiten auf Zerstreuung und Entspannung, die man natürlich hinter Gittern besonders stark vermisst. Das Alleinsein, aber auch, dass man nicht mehr jederzeit über die sozialen Netzwerke kommunizieren kann, ist für viele eine harte Umstellung. Kein Recht auf Selbstverwirklichung zu haben, fällt vielen ebenfalls schwer und wird natürlich als schlimme Bestrafung erlebt.

Kam den Verantwortlichen des vorletzten Jahrhunderts – nachdem die Körperstrafe abgeschafft worden war – einfach nichts Besseres in den Sinn als das Wegsperren von kriminellen Elementen?
Ursprünglich vielleicht schon. Noch vor fünfzig Jahren wurden die Sträflinge nach dem Absitzen der Strafe einfach wieder in die Freiheit entlassen. Wie bereits angedeutet: Heute kommen die Verurteilten weniger einfach davon. Im Vollzug versucht man nun herauszufinden, wo die Probleme liegen und ob der Mensch sich in ähnlichen Situationen anders verhalten

würde, wenn er wieder in Freiheit gelangt. In dieses Projekt fließen das Know-how von vielen Experten und sehr viel Geld.

Ein Platz im Vollzug kann bis zu tausendvierhundert Franken kosten, die Unterbringung in der Untersuchungshaft liegt bei rund hundertvierzig Franken pro Tag: Ist das gerecht, wenn man bedenkt, dass die Gefangenen die schwierigste Zeit, den Anfang der Strafe, in der U-Haft verbringen?
Manche Kriterien, die die Kosten in die Höhe treiben, darunter ein modernes Haus und mehr Platz, ändern nicht zwangsläufig etwas an den misslichen Bedingungen. Was im Vollzug die Kosten in die Höhe treibt, sind die engmaschigen Therapien und die damit verbundenen Lohnkosten der Therapeuten und Betreuer. Meiner Meinung nach sind Beschäftigungsprogramme wichtig, damit die ersten Wochen in der Untersuchungshaft ruhiger ablaufen. In der Westschweiz, namentlich auch im Kanton Freiburg, sind die U-Häftlinge bereits heute die Hälfte des Tages beschäftigt.

Trotzdem: Kann man so weit gehen und sagen, dass die Bedingungen in manchen Untersuchungsgefängnissen einer späteren Resozialisierung die Türen verschließen können, weil die Angeschuldigten zusätzlich Defizite anhäufen?
Ja, sicher, die Voraussetzungen in der U-Haft können den später stattfindenden Bemühungen nach Resozialisierung abträglich sein, weil in der frühen Phase des Freiheitsentzugs Haftschäden entstehen können. Wenn man den Anspruch hat, aus diesen Leuten bessere Menschen machen zu wollen, dann müsste die Zusammenarbeit viel früher beginnen und konsequenter durchgeführt werden. Mit anderen Worten, die künstliche Trennung von U-Haft und Vollzug muss aufge-

weicht werden, soweit dies mit den Bedürfnissen der Strafverfolgungsbehörden vereinbar ist, und das Betreuungs- und Beschäftigungsangebot in der Untersuchungshaft muss dementsprechend ausgebaut werden.

Müssten Sie ein Ranking zu den besten Schweizer Untersuchungsgefängnissen machen, wie würde es lauten?
Eine schwierige Frage. Ich würde nicht danach urteilen, ob genügend Duschen vorhanden sind oder ob eine Menüauswahl besteht. Ein gutes Gefängnis hängt heute von der Leitung ab und davon, ob die Crew am gleichen Strick zieht. Die Arbeit im Gefängnis und generell im Justizvollzug gestaltet sich heute interdisziplinär. Man ist auf die Kooperationsbereitschaft aller beteiligten Akteure angewiesen. Im RGB hat man in den vergangenen Jahren sicher das Bestmögliche rausgeholt. Man hat sich nicht gescheut, eigene Ideale zu vertreten und gegen Widerstände anzukämpfen. Mit Erfolg. Ich war viele Male in diesem Betrieb und stellte fest, was auch die Kommission gegen die Verhütung von Folter festgehalten hatte: dass die Atmosphäre gut ist, es den Insassen im Rahmen der bestehenden Möglichkeiten gut geht und die stets überarbeiteten Mitarbeitenden das Maximum herausholen.

Quellennachweise

• Benjamin F. Brägger: »Freiheitsentzug: Gestern – heute – morgen – Von der Leibstrafe zur Freiheitsstrafe«, www.avenirsocial.ch/sozialaktuell/sozial_aktuell_2798_2802.pdf
• Michel Foucault: »Überwachen und Strafen. Die Geburt des Gefängnisses«, 1976, Suhrkamp, Frankfurt am Main
• Peter Wermuth: »Probleme der psychischen Gesundheit von Menschen in Ausschaffungshaft unter Berücksichtigung der Suizidalität«, 2009, Psybeg Consult
• http://en.wikipedia.org/wiki/Alcatraz_Federal_Penitentiary